新選組映画はなぜ作られるのか

小松宰

目次

第五章　新選組映画の復活 165

プロローグ　すべては池田屋に始まる

新選組ブームの中で

新選組は、不思議な存在である。

言うまでもなく新選組は、吉田松陰、坂本龍馬、高杉晋作、桂小五郎、西郷隆盛、大久保利通といった倒幕派の志士たちに比べて、明治維新において果たした役割が特にあるわけではない。いや、むしろその明治維新に抵抗した勢力なのだから、どちらかと言えばその歴史的逆行性を指摘される場合のほうが多い。

無頼の集団、人斬り集団といった非難も、別に耳新しいことではない。にもかかわらず、新選組に関する研究書や概説書の類は引きも切らないし、歴史雑誌やムックの新選組特集号も常時、店頭を賑わしている。

新選組を題材にした小説は、それこそ次から次へと現れるし、新選組映画も根強く息を吹き返してくる。

各テレビ局が製作する十数回、二十数回といった新選組連続ドラマも一向、後を絶たないし、テレビの歴史番組などでも新選組は頻繁に取り上げられている。

それに漫画やゲーム、舞台上演やミュージカルまで含めれば、新選組関連の作品はおびただしい数に上る。

その数はいまや、かつて王座にあった忠臣蔵を完全に凌ぐかの勢いである。

極端に言えば、ここ四、五十年というもの、新選組は常時ブームのような状態にあると言っても決して過言ではない。

一体こんにちにおける新選組人気の秘密は、なんなのだろうか。新選組の何がそんなに人を惹き付けるのか。

新選組の〈大衆イメージ〉を求めて

本書の目的は、主として新選組映画やテレビドラマを通じて、新選組についての〈大衆イメージ〉を探ることである。

〈大衆イメージ〉とは、そのことについて大衆が持っているごく一般的なイメージのことである。それは必ずしも歴史的な事実とは一致しないかもしれないが、私たち大衆の中に深く浸透してしまっていて、大衆によって固く信じられているイメージである。

たとえば、剣豪・宮本武蔵についてのこんにちの〈大衆イメージ〉は、戦前に発表された吉川英治

宮本武蔵（三船敏郎）とお通（八千草薫）の悲恋イメージ。東宝『宮本武蔵』

の新聞小説『宮本武蔵』によって作り出されたものであることはよく知られている。

沢庵和尚によって千年杉に吊るされた乱暴者の武蔵。か細い手でその縄を切って、武蔵を助ける薄幸の乙女お通。恋も栄達も捨て、ひたすら剣の修行に励む武蔵。その武蔵を慕って、どこまでも後を追い続けるお通。そして、巌流島で武蔵と宿命の対決をする眉目秀麗の天才剣士・佐々木小次郎――。これらはみな吉川英治の『宮本武蔵』によって作り出された架空のイメージであり、必ずしも宮本武蔵についての史実ではないが、史実を超えた真実として、日本人の心の中に深く浸透してしまっている。これが〈大衆イメージ〉である。

忠臣蔵についての〈大衆イメージ〉はもっと根深い。宮本武蔵の〈大衆イメージ〉が、吉川英治の『宮本武蔵』によって作られてから、たかだか八十年かそこいらだが、忠臣蔵の場合は赤穂浪士の討ち入り以来、三百二十年余にわたってかたちづくられてきた確固不易の〈大衆イメージ〉が存在する。

それは吉良上野介によって浅野内匠頭に加えられるいじめの数々。ついに堪忍袋の緒を切って激発する内匠頭の殿中刃傷。はらはらと桜の花の舞い散る庭での内匠頭の切腹。大石内蔵助の東下りや、雪の南部坂の別れなど、討ち入りの日にまで至る赤穂浪士たちの粒々辛苦《りゅうりゅうしんく》の物語。そして、しんしんと降り注ぐ雪を蹴って吉良邸に殺到する赤穂浪士たち――。等々を通じて浅野内匠頭や、大石内蔵助をはじめとした赤穂浪士は善で、吉良上野介は悪という観念が、日本人には深く浸透してしまっている。

そうした宮本武蔵や忠臣蔵についての〈大衆イメージ〉には、日本人の美意識や精神傾向が色濃く反映されているのだが、それは新選組も全く同じことである。

私たち日本人は映画やテレビドラマによって作り出された新選組についての〈大衆イメージ〉を、すでに心の中に持っている。本書では、そうした日本人の心の映写幕に映った新選組像を、より鮮明に描き出してみたい。

すべては池田屋に始まる

それでは一体、新選組とは何か。

結論から先に言う。

新選組とは、つまるところ池田屋事件である。

実際、池田屋事件には新選組のすべてが集約されている。

新選組はとにかく池田屋事件によって、一躍、幕末の表舞台に駆け上がった。もし池田屋事件がなければ、新選組が動乱の幕末史にその名を刻むこともなかっただろうし、いわんや倒幕派との戦いにおける幕府側の先兵として、常にその第一線に立ち続けることもなかったであろう。

そして、もし池田屋事件がなければ、近藤勇が倒幕派の恨みを買って無残に斬首されることもなかっただろうし、もし池田屋事件の華々しい勝利の記憶がなければ、新選組が四分五裂してしまった後、土方歳三がなおかつ宇都宮、会津、箱館五稜郭と転戦に転戦を重ね、ついに悲劇的な最期を遂げることもまたなかったかもしれない。

池田屋事件は新選組の華々しい勝利の記憶であり、土方歳三をはじめ沖田総司、永倉新八、斎藤一、原田左之助、井上源三郎といった隊士たちは、その勝利の記憶を終生、離さなかった。そして、それが逆に新選組の悲劇であり、多くの者たちの死を招いた原因でもあった。

輝かしい勝利の記憶と滅びの予兆。これが池田屋事件というものが人々の心を惹き付けてやまない原因であり、新選組の物語が日本人の心を激しく揺さぶってやまない理由でもある。

さて、その一番重要な池田屋事件を映画の中の、いつどこで描くのか。これは映画の成否を分け

新選組の池田屋斬り込み。東映『壮烈新選組　幕末の動乱』

る選択でもあるが、大きく言って三つの方法がある。

その一は、映画の最初にガツンと一発、いきなり池田屋事件を描いてしまう方法である。いくらなんでも開幕早々に池田屋事件を描いてしまっては、あとが続かなくなるのでは、と見る向きもあるだろう。しかし、じつはこれが結構多いことに驚く。このタイプの映画は、池田屋事件を最初に画面に叩きつけることによって、新選組映画の紋切り型のストーリー展開を避け、新味を出そうという意図があるように思われる。

その二は、ラストのクライマックスとして池田屋事件を設定する方法である。このタイプの映画は、内容を池田屋事件一つに絞ることによって、それに向かって一直線にストーリーを収斂させていける利点があって、映画としての成功の確率も一番高い。結局、ラストに池田屋事件を置いて劇的効果を最大限に高め、新選組の赫々たる勝利のうちに映画を終える、というのが最も安全な上策なのかもしれない。

その三は、映画の中盤のヤマ場として池田屋事件を用いる方法である。これは新選組の結成から壊滅まで、つまり新選組興亡の全過程を描く映画に多い。このタイプの映画では、前半三分の一で新選組の結成と芹沢鴨の暗殺が描かれ、中盤の三分の一で池田屋事件が描かれ、そして後半三分の一で近藤勇の最期か、もしくは土方歳三の最期が描かれるという格好が取られるので、全体に占める池田屋事件の比重はやや軽くなってしまうきらいなきにしもあらずである。

池田屋事件を、映画の最初に描くか、ラストの締めくくりとして描くか、それとも中盤のヤマ場で描くのか。

戦前、戦後を通じて、その時代その時代の新選組映画が、はたして池田屋事件を映画の中のどこでどう描いているのか、順々に見ていく。

第一部　近藤勇の時代

第一章　新選組映画、三つの流れ

戦前作への視点

新選組映画の発祥は遥か大正時代にまで遡ることができるが、大半のフィルムはもう消失してしまって、現在でも観ることができる作品は非常に少ない。現在、多少なりとも観ることができるのは、せいぜい昭和に入ってからの作品であり、勢い本書で取り上げる映画も、そのあたりからということになる。

新選組が登場する映画には、戦前から三つの流れがあった。

その第一は、新選組が主役ではなく、脇役の敵役《かたきやく》としてしか登場しない、いわゆる「新選組悪役映画」である。これは厳密な意味では、新選組映画とは言えないかもしれないが、戦前はこうした「新選組悪役映画」が大変多く、戦前社会における新選組の社会的位置を知る意味で、一瞥しておく必要がある。

第二は、文字どおり新選組を主人公にした「新選組賛美映画」で、それらの映画では新選組は滅びゆく幕府に最後まで忠誠を尽くした義烈の武士たちとして描かれる。近藤勇や土方歳三や沖田総司を主人公とした、こんにち私たちがよく目にする、いわば狭義の新選組映画は、ほとんどこの「新選組賛美映画」である。

そして第三は、新選組を一応、主役の座に据えてはいるものの、必ずしも賛美の立場からではなく、部外者など第三者の目を通して、新選組というものを客観的、批判的に捉えた「新選組批判映画」である。これは戦前・戦後を通じて本数的には非常に少ないが、内容的には現代にも通じる、見るべきものを孕んでいる場合が多い。

新選組映画は、大体この三つの流れが、互に相交わることなく平行線をたどって、こんにちに至ったと考えてよい。新選組に対する「賛美的」内容と「批判的」内容を半々に持った作品も皆無ではないが、それはごく少ない。

そして新選組映画の主要なテーマはすでに戦前作の中に表れており、新選組をめぐる主要な問題点もまた、すでに戦前作の中にあらかた出尽くしていると言ってよい。新選組映画の戦前作は意外にレベルが高くて、内容が濃く、時には思想的ですらあり、なかなかに侮り難いというのが私の第一印象である。

そういうわけで戦前作をきちんと把握すれば、戦後作の問題点もまた、よく見えてくるはずである。

鞍馬天狗映画の中の新選組

戦前における新選組映画の三つの流れから見ていく。

第一の「新選組悪役映画」の典型的なものは、戦前から大人気だった鞍馬天狗映画である。鞍馬天狗は言うまでもなく徳川幕府を倒す側、つまり倒幕派の代表的なヒーローであるが、幕末動乱の時代にあって常に清く正しい心を失わない正義の武士として、大正時代の終わりに颯爽とスクリーンに登場して以来、いつの時代も大人から少年少女に至るまで幅広い人気を集めてきた。

極め付き嵐寛寿郎の鞍馬天狗

鞍馬天狗はこんにちに至るまで様々な俳優たちが演じてきたが、無声映画時代からの剣劇スター、アラカンこと嵐寛寿郎がこの役を最も得意とし、「鞍馬天狗といえば嵐寛寿郎、そして嵐寛寿郎といえば鞍馬天狗」と言われるほど大衆の間に広く浸透した鞍馬天狗のイメージを確立した。

さて、その鞍馬天狗映画の中では、新選組は常に鞍馬天狗を付け狙う幕府の走狗であり、勤王派、倒幕派の志士たちを弾圧する悪の武闘集団だった。あたかも「御用、御用！」の捕り方のように、多勢で鞍馬天狗に斬りかかっては逆にバッタバッタと斬り倒されるだけの役柄、それが鞍馬天狗映画における新選組の立ち位置だった。

従って新選組の隊長である近藤勇も、多くの場合、悪鬼羅刹のごとき殺人魔として描かれることが多かった。夜の闇に倒幕派の志士たちを血祭りに上げては、「ヒッヒヒ……」とほくそえむ不気味な血笑鬼、それが鞍馬天狗映画のみならず、多くの幕末映画における近藤勇の定まった役どころである。そして戦前の鞍馬天狗映画の中で、この悪役の近藤勇を最も多く演じたのは、ギョロリと光る目を持ち、口がへの字に裂けた山本礼三郎である。

山本礼三郎とは一体誰かと言うと、黒澤明監督の『酔いどれ天使』で、血も凍る『人殺しの唄』をギターで爪弾く老ヤクザを演じていた、あのドスの利いた凶悪な面相をした俳優と言えば、一番分かり易いだろうか。

鞍馬天狗と近藤勇

もっとも、同じ鞍馬天狗映画でも、近藤勇に対していくらか理解を示した映画もあるにはあった。大佛次郎の『鞍馬天狗』の数ある原作小説の中でも最も人気があり、最も映画化回数が多いのは『角兵衛獅子』だが、映画化された『角兵衛獅子』の中には戦前・戦後を問わず、必ず次のような場面が出てくる。

倒幕派の志士たちを暗殺する目的で作られた人別帳を奪うため、鞍馬天狗は新選組隊士と偽って大坂城に乗り込み、まんまと人別帳を手に入れるが、あと一歩というところで正体を見破られ、地下の水牢に閉じ込められてしまう。いまや天狗の命は風前の灯である。食事も与えられず、眠ることもできず、首まで水に浸かって、天狗は半死半生の状態である。

鞍馬天狗と杉作少年

そこへ、天狗を斬るため新選組の近藤勇が呼び出されて来る。このままいくと、天狗は碌に足腰も立たないのに、幕府方最強の剣客である近藤勇と立ち合わなければならない。しかし、いくら天狗でも、いまのままの状態で近藤と刃を交えたのでは、ひとたまりもなく斬られてしまうことは火を見るよりも明らかである。

そのとき天狗を兄とも慕う角兵衛獅子の杉作少年が、見るに見かねて、

鞍馬天狗（東千代之介）と近藤勇（月形龍之介）の対決。写真は戦後版の東映『鞍馬天狗　角兵衛獅子』

「卑怯だい。いくんちもご飯も食べずに体が弱っている　天狗のおじさんを斬るなんて。卑怯だい！」

と近藤に必死に食ってかかる。すると近藤は、

「小僧め……」

と苦笑して刀を収め、衰弱しきった鞍馬天狗を釈放してやる。

結局、近藤は鞍馬天狗の体力が回復するのを待って、あらためて東寺の境内で決闘をする。近藤と天狗は剣を取っては互角の腕である。しかし、このときは天狗に一日の長があり、近藤の刀は不覚にも空高く跳ね上げられてしまう。剣を失った近藤は、

「斬れ」

と、どっかと座り込むが、鞍馬天狗はさわやかな笑顔を浮かべて刀を納め、

「また会いましょう」

と孤影を靡かせて去っていく。

ここに鞍馬天狗と近藤勇の間に一種の友情のようなものが成立する。立場は違っても互に秘術を尽くして戦い合った剣客同士の相手に対する畏敬の念とでも言うべきか。しかし、鞍馬天狗と近藤勇の関係は、あくまでもそこまでである。

「じゃあ、これからは近藤のおじさんとも仲良くするのかい？」

という杉作少年の問いに鞍馬天狗は、

「いや、おじさんと近藤さんはあくまでも敵同士なのだよ」

と教え諭す。

封建制の象徴である幕府を倒して（鞍馬天狗映画では）四民平等の新しい時代を築こうとする鞍馬天狗と、死命を賭してその幕府を守ろうとする立場の近藤勇。これが鞍馬天狗と近藤勇の決定的な立場の相違であり、宿命的な対立関係でもある。こうした鞍馬天狗の好敵手としての近藤勇を最も多く演じたのは、老巧の名優・月形龍之介であり、冷静沈着な剣豪の風格と絶妙な剣さばきには定評があった。

月形半平太映画の中の新選組

「月さま、雨が……」

芸者髷《まげ》姿も艶《あで》やかな梅松が差しかけた傘を軽くよけて、

「春雨じゃ、濡れて行こう……」

と小雨の中にゆらりと歩き出していく粋な着流し姿の美丈夫、月形半平太。

折から夕闇が道行く二人をしっぽりと包み込み、ぼ〜ん、ぼ〜ん、とどこかで鐘の音が鳴り響いている——。

言わずと知れた幕末映画の極め付き『月形半平太』の名場面である。

戦前、『鞍馬天狗』と並んで大衆の大人気を博したのが、この『月形半平太』である。月形半平太は言うまでもなく鞍馬天狗と同じ、勤王の志士であり、倒幕派の志士である。皇国史観一色の戦前においては、なんと言っても鞍馬天狗や月形半平太など徳川幕府を倒して天皇親政の新政権を樹立しようとする勤王の志士たちに圧倒的な人気が集中した。

鞍馬天狗はどちらかと言えば謹厳実直な革命青年で、女性にはあまり縁がない(皆無とは言わないが)ほうだが、月形半平太は倒幕一辺倒の無粋な勤王の志士たちの中にあって、ひとり女性との色恋にもたっぷりと身を浸す新しいタイプの革命青年である。おそらく半平太映画の人気は、彼のこうした恋にも生きる優しい人間性に対する共感だったと思われる。

鞍馬天狗はどちらかと言えば嵐寛寿郎の一手専売だったが、月形半平太は戦前だけでも新国劇の沢田正二郎を皮切りに、林長二郎(後の長谷川一夫)、阪東妻三郎、大河内伝次郎が、嵐寛寿郎、月形龍之介といった時代劇のスーパースターたちが、それこそ奪い合うように、入れ替わり立ち替わりに演じては大衆の喝采を博した。月形半平太は、じつはいま挙げた以外の時代劇スターたちも競って演じており、当時この演目が、いかに人気があったかを物語るものである。

そして、この

「月さま、雨が……」大日本天然色映画『月形半平太』の月形龍之介と比良多恵子

半平太映画の中の新選組こそは、悪役中の悪役であり、憎まれ役の最たるものであった。と言うのは、映画の大詰め、半平太を大乗院に誘《おび》き出して、寄ってたかって斬殺してしまうのが、ほかならぬ新選組だからである。絶体絶命のピンチを迎えた半平太は剣先を揃えてじりっじりっと間合いを詰めてくる新選組の面々を、右に左に斬り倒し、阿修羅のごとくに暴れ回る。しかし、多勢に無勢はいかんともしがたく、ついに新選組の凶刃を全身に浴び、血だるまとなって、その場に息絶える。

映画によっては、半平太は新選組の銃弾によって命を絶たれる場合もある。

心優しく美男の半平太の死は、満天下の女性ファンの紅涙を絞り、反対に半平太の命を奪った新選組は、ただただ観客の憎しみを買うばかりである。

およそ、こうしたものが、戦前における新選組が登場する映画の過半であった。

つまり鞍馬天狗映画や半平太映画においては、鞍馬天狗や半平太たち勤王の志士は、常に正義の武士として描かれ、歴史の進歩を担う者たちとして描かれるが、反対に新選組は常に歴史の進歩を阻む反動勢力としてしか描かれなかった。

最初の問題作『興亡新選組』

第二の「新選組賛美映画」も、「新選組悪役映画」同様、古くは大正時代にまで遡ることができるが、近藤勇役者として最初に注目されたのは、一九二四年（大正十三）『燃ゆる渦巻』の市川幡谷《はたや》だった。残念ながらこのときは主役ではなかったが、市川幡谷は『燃ゆる渦巻』の好演が認められて、こののち近藤勇役を主役も含めて幾度も務めることになった。

市川幡谷以後の「新選組賛美映画」の代表的なものを挙げると、バンツマこと阪東妻三郎が近藤勇を演じた一九二六年（大正一五）の『乱闘の巻』、一九二八年（昭和三）の『新撰組隊長近藤勇』、一九三九年（昭和一四）の『王政復古』、そして大河内伝次郎が近藤勇を演じた一九二六年（大正一五）の『維新の京洛』、一九三〇年（昭和五）の『興亡新選組』、一九三四年（昭和五）の『新選組』といったところだが、阪東妻三郎と大河内伝次郎は当時、

「バンツマの近藤か？　大河内の近藤か？」

と並び称された双璧で、近藤勇役者の第一人者の地位を張り合っていた。阪東妻三郎と大河内伝次郎は、ともに無敵の剣豪の貫禄十分で、殺陣の迫力も申し分なく、余人の追随を許さなかった。結局、大河内伝次郎はこの近藤勇役を生涯に五度、阪東妻

阪妻プロ『新選組隊長近藤勇』の阪東妻三郎

日活『維新の京洛』の大河内伝次郎

三郎は生涯に六度も演じて、互に一歩も譲らなかった。

そして、その中でも傑作中の傑作としてこんにちまで語り伝えられているのが、一九三〇年(昭和五)、日活、伊藤大輔脚本・監督の『興亡新選組』である。

これはそのちょうど二年前に新選組本のバイブルとも言うべき子母澤寛の『新選組始末記』が刊行され、にわかに高まる新選組ブームの中での映画化であった。

しかし、残念ながら、この映画のフィルムは現存しない。わずかにシナリオが残っているだけである。しかも、このシナリオなるもの、撮影台本ではなく、後に伊藤大輔自身が、映画の場面を思い起こしながら復元構成したもので、一場面、一場面が、非常に映像的な躍動感に溢れている。

最初に字幕で「幕末」を「暗殺時代」と規定して、幕末に起こった尊皇攘夷派、すなわち倒幕派の浪士たちによる暗殺事件が次々と映し出されていくのだが、その描写がもの凄い。

開巻劈頭、暗殺者が携えた刀の切っ先がぐんぐん前へ突進していく。このカットはフルスピード

日活『興亡新選組』の池田屋斬り込み場面。中央は近藤勇（大河内伝次郎）

の移動撮影である。しかし、暗殺者の姿が画面に映るわけではないから、刀の切っ先だけが凄まじい速度で前へ前へと突き進んでいく感じである。

その刀が突く。閃く。斬り下ろす。絶叫を挙げてのけぞる公卿や、公卿の家来や、幕府の岡っ引きのショットがパッパッと挿入される。ある場面では、龕燈提灯《がんどうぢょうちん》が照らし出す明かりの中で、まるでスポットライトを当てられたように、斬る者と斬られる者の姿が交差し、見え隠れするといった具合に、アイデアの限りを尽くした撮影技法が駆使される。

この映画で注目されるのは、こうした倒幕派の浪士たちの京都における暗殺行為、テロ行為というものを、まず最初に描いたことではないだろうか。

多くの「新選組悪役映画」では、倒幕派の

浪士たちが京の町で凄まじいテロ行為を行ったことは描かずに、まるで新選組が理由もなく倒幕派の浪士たちを弾圧していたかのような描き方をする場合が多い。しかし、これは歴史的に見ても明らかに間違いである。まず倒幕派の浪士たちの凄まじいテロ行為があって、新選組の暴力はそれを取り締まるための、対抗暴力であったことは争えない事実である。

「斬っても斬っても……」

それではこの映画では池田屋事件はどう描かれているのか。

池田屋では、近藤勇(大河内伝次郎)が先頭を切って敵中に斬り入り、刃向かう浪士たちを次々に倒して、無敵の強さを発揮するが、その近藤が激闘を終えて屯所に戻ったとき、草鞋《わらじ》の紐を解こうとして、ふと手を止め、深い思いに捉われてしまう。

続いて入ってきた土方歳三が、近藤の異状に気付いて目を止める。

「幕府に異心を抱く輩を、ずいぶん斬って斬りまくった。だが！　なぜだか、斬っても斬っても斬り尽くせないものを感じるのだ」

近藤はポツリと、そうつぶやく。

「………」

が、冷徹な土方はそれには答えない。「なにを弱気な！」と言いたいのかもしれない。

斬っても斬っても斬り尽くせないもの……。それは勝利の後の虚脱感か。無敵の剣豪・近藤勇を襲った思わぬ疑念である。ついいましがた池田屋で赫々たる戦果を挙げたばかりの近藤にこのような台詞《せりふ》を言わせるところに、ニヒリズム時代劇の巨匠・伊藤大輔の真骨頂がある。

映画はこの後、禁門の変があり、伊東甲子太郎一派の粛清があり、鳥羽伏見の戦いがあり、最後は官軍に出頭した近藤勇の斬首で終わる。

竹矢来をめぐらした刑場の粗莚《あらむしろ》に座らされ、斬首の時を待つ近藤は、

「この首も、いずれは三條河原の梟首台にかけられ、京美人どもも見物するであろうが、この髭面ではいささか……」

というような意味のことを言って、剃刀《かみそり》を借りて髭を剃りながら、あたりを見渡すと、柔らかな雲を浮かべた大空が見える。小鳥が飛び交い、新樹の梢を風がさやさやと吹き渡っていく。足元を見ると筵の端に一輪のすみれが咲いている。

ホウ、ホケホケキョー、ホウ、ホケホケキョー……。

近藤が髭を剃り終わると、どこかで鶯が

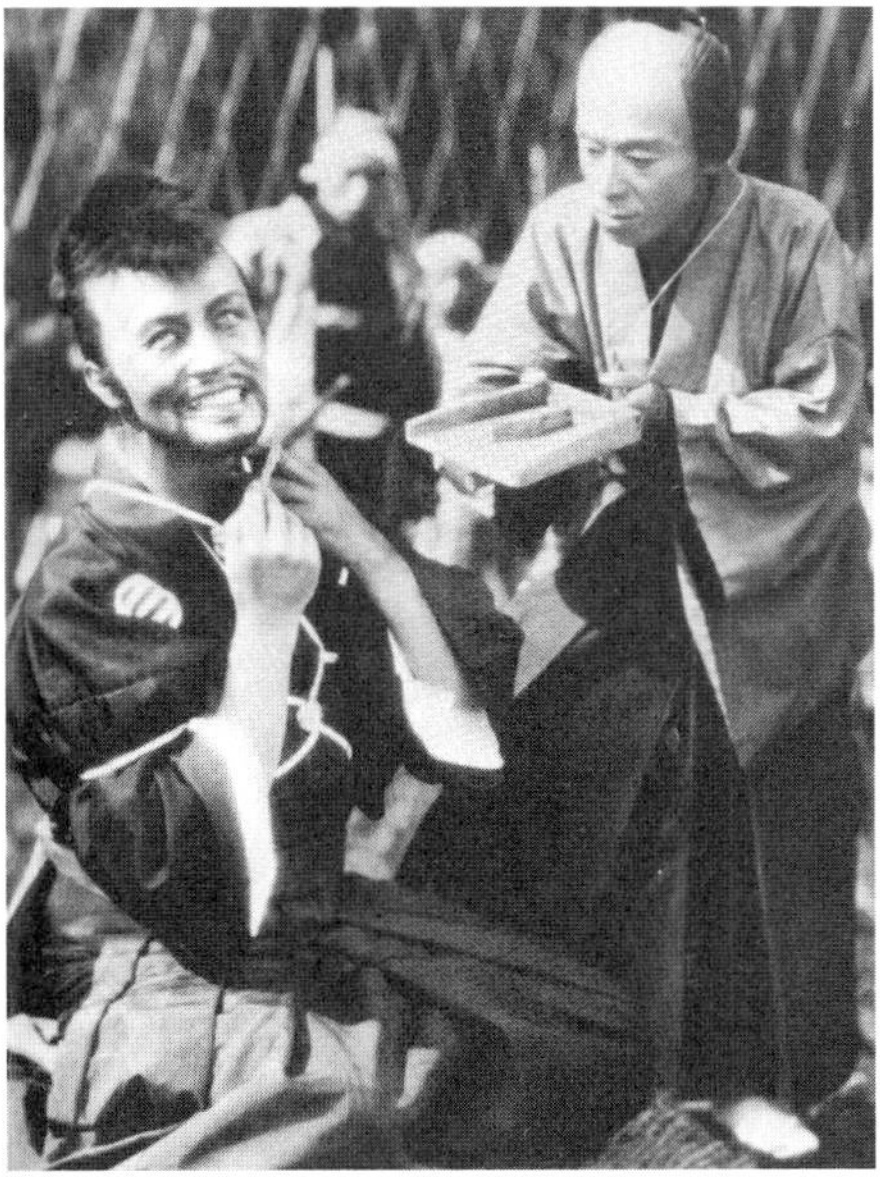

剃刀を借りて髭を剃る近藤勇（大河内伝次郎）

鳴いている。

近藤はそれに耳を澄まして聞き入っていたが、やがて何を思ったか自分も、

「ホウ、ホケホケキョー……」

と一声、鶯の鳴きまねをして、再び鶯の声に耳を澄ます。そして、もう一声、

「ホウ、ホケホケキョー……」

と鶯の鳴きまねをしてみせると、近藤は自ら髷《まげ》をぐぃっと掻き揚げ、

「どうぞ」

と一声かけて、その首を太刀取り（斬首人）の前に差し出す。

新選組映画多しといえども、近藤勇の斬首をまともに描いた映画は、私の知る限り、この『興亡新選組』と、一九六九年（昭和四四）の三船敏郎主演、沢島忠監督『新選組』だけである。大抵の映画では、近藤勇の処刑は軽く字幕で済ませるか、新選組ゆかりの人間が人伝《ひとづて》にそれを知らされるといった描き方である。

いずれにしても、『興亡新選組』は、それまでの単純な「新選組悪役映画」でもなく、かといってありきたりな「新選組賛美映画」でもない、歴史的事実をベースにした最初のまともな新選組映画であり、その眼目はこれまでにない〝人間近藤勇〟を描くことであった。

新選組史の汚点を描く──村山知義の『新選組』

第三の「新選組批判映画」の最たるものは、一九三七年(昭和一二年)の東宝・前進座提携作品、村山知義脚本、木村荘十二監督による『新選組』である。これは新選組を一応、主役の座に据えてはいるが、新選組を賛美する立場からではなく、むしろ痛烈な〝新選組否定〟の精神によって描かれた映画だった。いや、より正確には、〝近藤勇否定〟と言ったほうがよいかもしれない。

そしてこの映画の特徴は、〝新選組史の汚点〟とも言うべき甲州勝沼の戦いを真正面から描いている点である。

まず、映画を観てみよう。

鳥羽伏見の戦いに大敗した幕軍は、江戸へ総退却を余儀なくされる。二百人いた隊士が四十四人に減ってしまった新選組も、負傷者を抱えて海路、江戸へ引き揚げの途中である。船底には傷病兵がごろごろ横たわり、一様に暗い表情を抱えている。幹部の一人が息を引き取り、海に葬る。画面に漂う敗北感と無力感……。ここからして他の新選組映画にはない異様な雰囲気がたちこめている。

江戸に帰って再戦の時を待つ近藤勇(河原崎長十郎)は、将軍・徳川慶喜が恭順の意志を固め、非戦の大勢はすでに揺るがぬと聞かされて一人歯噛みしていた。

そんなある日、幕軍の事実上の総司令官である勝安房守(海舟、中村鶴蔵)から呼び出しがかかり、

東宝・前進座提携『新選組』の、近藤勇（河原崎長十郎）㊨と沖田総司（嵐芳三郎）。後ろは総司の姉おみつ（山岸しづ江）

顔を紅潮させて帰ってきた近藤は、

「甲府城に寄って官軍を迎え討てとのご命令だ」

と副長の土方歳三（中村翫右衛門）に告げ、

「お手もと金五千両くだしおかれた」

と得意満面。和平派の勝安房守も、結局は自分たち新選組を頼りにせざるを得ないのだ——と言わんばかりの鼻息である。

ところが、そのすぐ次のシーンで、当の勝安房守が、

「上様のお許しが出たとおだて上げて……」

体よく新選組を甲府に追いやった、と人に語り聞かせている様子が映し出される。勝にとっては主戦派の新選組が江戸にいたのでは、官軍との和平交渉がやりにくいので、近藤を騙し江戸から追い払ったのである。そして邪魔な存在である新選組が、最新兵器を備えた官軍に完敗して、自滅してくれることを願っていたのである。

しかし、そんなことは知らない近藤は、病床の沖田

総司(嵐芳三郎)を見舞って、

「うまく甲府城を守りおおせたら、わしは十万石、副長の土方は五万石、助勤のおまえたちは三万石のお大名だぞ」

といった意味の、いかにも能天気な調子のいい話を得々として語り聞かせている。

結局、近藤は勝の約束を真に受けて、喜々として甲府へ向かう。本来ならば近藤は一刻も早く甲府城に入城しなければならないはずである。それなのに近藤は、戦場に向かうというのに、武装もしないで華美な羽織袴姿で大名駕籠に揺られて悠長に街道を下っていく。しかも、途中、故郷の上石原村では歓迎の宴にうつつを抜かして、祝い酒に酔い痴れ、あたら大切な時を失ってしまう。甲府城からは「官軍が間近に迫っております。早く、早く……」と悲鳴のような催促が再三届いているというのに、「まあ、そうあわてることはない」と暢気に構えて、ついに官軍の入城を許してしまう。

こうなってはもう万事休す、である。これを知って戦意喪失した隊士の脱走者が相次ぎ、翌日の勝沼の戦いでは、官軍の圧倒的な銃火の前に新選組はひとたまりもなく敗北。全軍敗走である。

そして結局、この映画では、勝沼の敗北が原因で、長年の同志である近藤勇と土方歳三は言い争いの末、とうとう袂を分かつことになってしまう。

甲州勝沼の戦いにおける近藤の失敗は全く弁護のしようがない。

大抵の「新選組賛美映画」では、新選組や近藤にとっては不名誉なこの甲州勝沼の戦いは、避けて通るか、軽くやりすごしてしまうのが通例なので、この映画の徹底した描き方は特筆に値する。

純粋な青年か、人斬りか

新選組が壊滅した――。

近藤勇も斬首された――。

そうした悲報は江戸の沖田総司の寄寓先、植木屋平五郎宅にも届くが、総司の姉おみつ（山岸しづ江）はそれを隠して一切、総司の耳には入れない。だから新選組の壊滅も、近藤の斬首も全く知らない総司は、はるばる京都から訪ねて来たくれた恋人のおきぬ（山縣直代）の手を取って、まるで童子のようにはしゃいで、こう言う。

「俺は三万石のお大名になったんだ。嬉しいか、おきぬさん！」

「ええ、沖田はん」

ひしと抱き合う二人の上に、行進してくる官軍鼓笛隊の音がかぶさる。

〽ピーヒャララッタッタ、ピーヒャララッタッタ……。

時世の変化を象徴するその音が次第に高まって、耳を聾するばかりに鳴り響き、そこへパッとエンドマークが出る。

まさに菊（朝廷）は栄える――、葵（徳川幕府）は枯れる――である。これはじつに心憎いラストシーンであるとともに、じつに残酷なラストシーンでもある。高らかに鳴り響く官軍鼓笛隊の音は、私には敗れ去った沖田たち新選組に容赦なく叩きつけられる〝鞭《むち》の音〟に聞こえる。

このように、この映画の最後の一撃は、「三万石の大名になれる」という近藤の言葉を無邪気に信じている沖田総司の夢を、無残に打ち砕くことだった。

しかも、この作品では、沖田総司を他の新選組映画によくあるように、すんなり悲劇的な夭折の天才剣士としては描いていない。

彼はたしかに恋愛には純粋で、世間知らずで、人を疑うことを知らないお人よしでもある。しかし、彼にはその反面、もう慣れっこになってしまった〝人斬り〟の一面を覗かせることがある。

病床の総司が姉のおみつや、お世話になっている植木屋平五郎に向かって、

「(新選組は)隊の規律がやかましかったから、ちょっとでもそれを破ったやつは近藤先生の命令でどんどん斬ったんだ。そいつがまたよく『総司、お前斬れ』とくるんでね。ハハハッ……。俺はもう慣れたよ。斬った途端にすぐ忘れちまうことにするんだ。冗談か何か言ってね……」

と軽口を叩いてカラカラ笑うシーンが、それであり、そこに私たち観客は、人を斬ることに一片の疑問も感じない総司の別の顔を見ることになる。一面では純粋な青年である彼の、もう一つの顔を描くことも、決して忘れないところに、この映画の油断のならないリアルな視点があるように思う。心にもう何も感じなくなってしまった総司の人斬り……。それは彼の悲しき習性であるとともに、〝天誅〟の名のもとに果てしなく繰り返された幕末という時代の恐るべき病でもあった。

余談だが、沖田総司がこの植木屋平五郎宅の離れで病死したことはよく知られた事実である。しかし、もう亡くなってしまったが、女優の江波杏子が、じつはこの平五郎の玄孫《やしゃご》であることは意外に知られていない。

河原崎長十郎についての余話

この映画で河原崎長十郎が演じた近藤勇からは、同じ戦前において、大河内伝次郎が演じた温かな人間味や、坂東妻三郎が演じた英雄豪傑の風格は全く感じられない。

この映画の近藤勇は、いかにも百姓上がりの成り上がり者といった感じで、見るからに品がない。自惚れが強く、態度が尊大で、いつも虚勢を張って強がりばかり言っている。風雲に乗じて一旗揚げようという山師的な言動すら目に付く。

つまり大河内伝次郎や坂東妻三郎や、戦後の片岡千恵蔵が演じた近藤勇が、多分に美化され、伝説化された人物像であるとすれば、長十郎が演じたそれは、人並み以上に欲もあれば、人格的な欠陥もある、要するに生身の、限りなく実像に近い近藤勇であった。近藤勇をこれほど完膚なきまでに批判し尽くした映画は他に例がない。

そして、この映画の近藤勇の人物像は、前進座の紛れもない幹事長(座頭《ざがしら》)でありながら、戦後に、その過激な毛沢東主義と独裁的な言動によって、座から除名された現実の河原崎長十郎とダブル・

河原崎長十郎の宮本武蔵㊧と中村翫右衛門の佐々木小次郎。松竹『宮本武蔵』

イメージになって見えてくるから不思議である。

そう言えば前進座には、中村翫右衛門というライバルがいたにもかかわらず、座員総出演の時代劇映画の主役はいつも河原崎長十郎で、翫右衛門はいつも二番手の役で、もっぱら長十郎の引き立て役だったことを思い出す。この『新選組』を例に取れば、写真に残されている近藤勇のあの見るからに百姓然とした骨格や、拳《こぶし》がすっぽり中に入るほど大きかったという口や、厳つい顔つきなどからすると、近藤の役は明らかに翫右衛門のほうが似つかわしく、知的な切れ者の感じのする長十郎はどちらかと言えば土方歳三がふさわしいように思う。しかし、現実には長十郎が近藤を演じ、翫右衛門がどう見てもミスキャストとしか思えない土方歳三を演じている。それはなぜかと言うと、近藤が主役で土方が脇役だからである。

この『新選組』の七年後に作られた溝口健二監督の『宮本武蔵』でも、長十郎が宮本武蔵を演じて、翫右衛門が佐々木小次郎を演じているが、尋常ではとても考えられない配役である。宮本武蔵の肖像画に見るあのカッと目を見開いた仁王のような風貌に近いのは翫右衛門のほうであり、長十郎はどちらかと言えば、驕慢で自信家の佐々木小次郎の任であろう。しかし、これも現実には長十郎が武蔵を演じ、翫右衛門が小次郎役に回っている。これも、ただただ、武蔵が主役で、小次郎が脇役だからである。

これは島田正吾と辰己柳太郎のように、一方が主役のときは他方が脇役に回るという交代制を取っていた新国劇の場合と対照的である。

庶民の目に映った池田屋事件――『その前夜』

一九三九年(昭和十四)、東宝、山中貞雄原案、梶原金八脚本、萩原遼監督『その前夜』は、前述の『新選組』に負けず劣らず野心的な作品であり、池田屋事件を描く、かつてない視点の新しさには一驚を禁じ得ない。

この映画は池田屋事件が起こる数日前から始まり、当日の新選組の池田屋斬り込みで終わるのだが、その間《かん》、カメラは池田屋の真向かいの大原屋という、うらさびれた旅籠にほとんど据えられっぱなしである。

同じ旅籠でも向かいの池田屋は大変繁盛しているが、こちらの大原屋は客がさっぱりでいつも閑古鳥が鳴いている。それでは池田屋の主人と大原屋の主人は敵《かたき》同士かと言うと、二人はへぼ将棋

東宝『その前夜』の瀧川仙太郎（河原崎長十郎）とお咲（山田五十鈴）

仲間で、いつも商売そっちのけで仲良く将棋を指している。

大原屋の総領息子の彦太郎（中村翫右衛門）は家業を嫌って、最近、男所帯の新選組目当てに洗濯屋を始めた。

長女で芸者のお咲（山田五十鈴）は、大原屋のただ一人の長居客で、絵描きの浪人者・瀧川仙太郎（河原崎長十郎）にぞっこんだが、彼のほうは見向きもしてくれない

可憐そのものの次女おつう（高峰秀子）は、新選組の若い新入隊士の松永恭平と相思相愛の仲で、まるでままごとのような逢い引きに小さな胸をときめかしている。

物語はこうした大原屋の人たちの目を通して描かれていく。

大原屋から見える向かいの池田屋の様子や、大通りの賑わい。その大通りを市中巡邏《じゅんら》の新選組が、

わがもの顔でのし歩いていく。そこから少し離れた河原では、新選組の別の一隊が具足を付け、勇ましい鬨《とき》の声を挙げて一斉突撃を試みるなど終日、軍事調練に励んでいる。そして京の町に潜む倒幕派の浪士たちは、なにやら不穏な行動計画を立てている……。

しかし、それもこれも、あくまでも大原屋の人たちとのかかわりの中でしか描かれないところが、この映画のユニークな点である。

ある日、藤堂芳江(千葉早智子)という美しい女性が瀧川仙太郎を訪ねて来て、お咲をやきもきさせる。芳江は瀧川の親友の妻だったが、「夫は亡くなった」と彼女は言う。瀧川は元々、芳江に秘かな思いを寄せていた。しかし、その芳江はどうやら亡夫の遺志を継いで、倒幕派の浪士たちのため働いているらしかった。

瀧川はつい最近、田舎から上洛したばかりの浪人者・疋田弥一郎(山崎進蔵=後の河野秋武)と知り合って親しくなったばかりである。絵を描くことだけが楽しみで、ともすれば孤独に傾きがちな瀧川にとって、人間として心置きなく話し合える知己を得たことは大きな喜びだった。

そして時には大原屋の彦太郎や、お咲や、おつうたちの生活を傍らからぼんやり眺めたり、なにげない日常会話を交わしたりすることも、瀧川にはとても気の休まることだった。世は動乱の時代とは言っても、少なくてもこうした瀧川を取り巻く風景は至極、平穏無事で、のどかなものだった。

罪なき人々の犠牲

しかし、最後は新選組の池田屋斬り込みが行われ、瀧川の夢は無残に打ち砕かれる。まず、事件には無関係だった疋田弥一郎が、新選組の浪士弾圧に義憤を感じてつい抜刀してしまい、新選組に斬られてしまう。

おつうの恋人の新選組の松永恭平は、先輩隊士に「お前は後学のため、見ているだけだぞ！」ときつく釘を刺されたにもかかわらず、ただただ手柄を立てたい一心で倒幕派浪士たちと斬り結び、命を落とす。

そして、この日、瀧川は藤堂芳江を危険なことから遠ざけようと、一日中、彼女の姿を探していたのだった。しかし、夜になってやっと池田屋の前で彼女の姿を見かけたときには、もうすでに遅かった。なんという運命のいたずらか。瀧川は芳江が新選組に斬り殺されるところを、わが目で目撃する羽目になってしまう。あまりのことに絶句して、彼女の亡骸の前にただ呆然と立ち尽くしている瀧川の後ろ姿で、この映画は終わる。

つまり瀧川は池田屋事件が起きたため、せっかく知り合ったたった一人の友を失い、秘かに思いを寄せていた女性をも失ってしまった。そして、おつうは初恋の相手を失ってしまった。『その前夜』という作品が描きたかったのは、まさにこのことなのだ。池田屋事件で新選組が勝とうと、倒

おつう（高峰秀子）と瀧川仙太郎（河原崎長十郎）

幕派の浪士たちが勝とうと、そんなことは一般の庶民にとってはどうでもいいことである。勤王や佐幕とは全く関係のない瀧川やおつうのような庶民にとっての、最も大切な人たちの命まで失われてしまったのが、この夜の池田屋事件だったと、この映画はそう言いたいのである。

じつを言うと、『その前夜』は、『河内山宗春』『人情紙風船』などの天才監督・山中貞雄が、生前「新選組の池田屋事件を描く面白いアイデアがある」と仲間の稲垣浩に語って聞かせた脚本のプランだった。しかし、山中は出征したまま帰らぬ人となってしまったため、彼の追悼映画を作ろうと、山中から直接脚本の構想を聞いていた稲垣浩が中心になって脚本を書き上げた。

脚本家としてタイトルに名のある「梶原金

八」とは、じつは山中貞雄、稲垣浩、滝沢英輔、三村伸太郎、土肥正幹、藤井滋司、萩原遼、八尋不二ら八人の合同ペンネームで、山中の生前から、次々と秀作、話題作を世に送り出していた。

当時、こんな笑い話があった。最近、「梶原金八」という脚本家が続々と問題作、ヒット作を連発しているというので、ある映画会社の重役が「よし。その梶原金八を、うちに引き抜け」と部下に命じた。すると部下は目を白黒させて、答えに窮したように「えっ、八人もですか？」と言ったという。

『その前夜』は、山中の愛弟子の萩原遼が監督。『河内山宗春』『人情紙風船』にも出演して山中とは同志的結合のある前進座の総出演で映画化が実現した。だから、その意味では『その前夜』は、不世出の映画監督・山中貞雄の事実上の遺作と言ってもよい作品だった。

前述の『新選組』にしろ、この『その前夜』にしろ、こうした思い切った新選組批判や、庶民の視点による物語展開は、戦後の新選組映画にはない、非常に新鮮な描き方だった。新選組について他に類例のない、斬新な切り口を持ったこの二つの作品が、曲がりなりにも民主主義、平和主義が定着した戦後に作られたのではなく、むしろ皇国史観、軍国主義まっただなかの戦前に作られたということが、なんとも皮肉であり、驚きだった。人間の歴史も、芸術作品も、決して時間を追って進歩しているわけではない。時には退歩すらしているのが、人間の歴史であり、芸術の歴史なのだ。

戦前・戦中幕末映画の総決算――『維新の曲』

一九四二年(昭和一七)に封切られた、八尋不二脚本、牛原虚彦監督の幕末映画『維新の曲』は、戦時統合で当時の新興キネマ、大都映画、日活の三社が合併して、発足した「大日本映画製作株式会社」つまり大映の記念すべき第一作であり、阪東妻三郎、市川右太衛門、片岡千恵蔵、嵐寛寿郎の四大スターが共演した超大作でもある。

この映画のメイン・ストーリーは、土佐の坂本龍馬(阪東妻三郎)が倒幕の大義のため、薩摩の西郷吉之助(隆盛、片岡千恵蔵)と長州の桂小五郎(市川右太衛門)を説得して薩長連合を成し遂げ、さらに将軍・徳川慶喜(嵐寛寿郎)を動かして大政奉還を実現させるまでを描くという、幕末映画としてはおなじみのものである。

じつは薩長連合とか、大政奉還といった幕末史の主要なエポックを描く幕末映画は、戦前においてすでに大きな作品群を形成していた。

黒船の来航から桜田門外の変までを描くもの。大政奉還から江戸城明け渡しまでを描くもの。そして新選組の興亡を含む幕末史全体を鳥瞰するもの、などなど様々であるが、その特徴は一口に言って明治維新の礼讃であり、明治維新の実現に活躍した勤王の志士たちを英雄的に描くものが主流だった。

三条大橋で新選組に襲われる桂小五郎（市川右太衛門）。大映『維新の曲』

黒船の来航と外国によって無理やり押し付けられた開国という幕末の日本に起こった未曽有の国難――。それは米英との対決の道を突き進む戦前の軍国日本にとって、これほど格好のアナロジーはなかった。そのため戦前・戦中は、幕末における国難はそのまま鬼畜米英によって日本に加えられる国難として捉えられ、一致協力してこの国難に当たらなければならないといった国策的なメッセージを全面に押し出した幕末映画が一大作品群を形成していた。

『維新の曲』は、そうした戦前、戦中における幕末映画の集大成であり、総決算であることに注目したい。言うまでもなく、そこには「天皇崇拝」「尊王精神」といった戦前、戦中における日本人の思想や意識が集中的に表れているのが特徴である。

一例を挙げると、『維新の曲』では、池田屋事

桂小五郎役の市川右太衛門

件の後、長州藩の過激派が会津や新選組に対する報復行動を起こそうとしたとき、桂小五郎が必死にこれを押し止めたのは、「ひとえに長州藩が朝敵の汚名を着ることを恐れる」彼の尊王精神からであったと描かれる。

また、蛤御門の変の時、出兵を渋っていた西郷吉之助が、ついに出兵に踏み切ったのは、ただ一つ「(天皇の)御門に迫る者があればそれは賊軍であり、討ち払わなければならない」という彼の尊王精神からであったとされる。

そして、この映画の登場人物の要である坂本龍馬は、薩長同盟に難色を示す西郷吉之助を、「薩摩の公武合体説も、長州の攘夷倒幕説も、元々、尊王の大精神に発しているものではないか」と言って説得する。

このように、この映画の三人の主要登場人物の行動の基準は、すべて「尊王精神」で一致している。勿論、これは幕末における日本人の意識を反映したものではなく、この映画が作られた太平洋戦争開戦直後の、つまり昭和十七年初めごろの日本人の意識を代弁したものである。

池田屋の娘

『維新の曲』の最初のヤマ場は池田屋事件である。しかし、大方の幕末映画とは違って、池田屋に斬り込む新選組の側からではなく、池田屋で命を落とす倒幕派の志士・吉田稔麿《としまろ》（尾上菊太郎）の側から描かれているのが特徴である。映画が始まると、祇園祭の宵宮の雑踏の中を、恋人同士の吉田稔麿と池田屋の娘あき（琴糸路）が連れだって歩いている。

「あきさん、いまにもっといいお祭りが来るんだ。誰も彼も心の底から喜び合えるお祭りが来るんだよ」

稔麿は息を弾ませてそんなことを言っている。自分たちの尊王倒幕運動が実を結べば、そんないい時代が来るんだよと、そう稔麿は言いたいのであろう。

この日、稔麿はあきとそうした楽しいひと時を過ごした後、池田屋に戻って同志と密議を凝らしているところを新選組に急襲され、沖田総司（南條新太郎）の刃にかかって命を落としてしまう。

それから一年後。その沖田総司は病床に臥している。ところが、沖田を看護し、かいがいしく身の回りの世話をしているのは、稔麿の恋人だったあきである。

あきがふと目を挙げると、庭先に立派な身なりの武士が立っている。それは総司を見舞いに来た新選組隊長の近藤勇（阿部九州男）なのだが、あきにはそれが誰であるか分からない。近藤勇は立ったまま、まるで父親のような慈愛の目で沖田を眺めている。

「新選組も近頃は歯が抜けるように減っていっている……。フフフ、去る者は追わず、だよ……」

近藤はどこか寂しさが隠せない。あきが部屋を出て行った後、近藤は、

「新選組も池田屋の頃が絶頂だったなあ……」

と過去の栄光を懐かしむように言う。

「隊長、いまのは池田屋の娘です」

「なに池田屋の？」

「あの事件以来、家業ができなくなり、ここの叔母の元に身を寄せているのだそうです」

池田屋のその後の消息に触れている映画は珍しい。

「そうか。池田屋の娘か」

「あの娘《こ》は私が新選組の者であることを知っています。それなのに親身に、姉のように親切にしてくれるのです。私はあの娘の気持ちが分かりません。私は苦しく思うことさえあるのです」

また、しばらく時が経って、新選組が鳥羽伏見で官軍を迎え撃つと聞いて、沖田は病気を押して出陣することに決め、あきに別れの言葉を言う。

「わしは二度と会えるとは思いません。お別れにただ一つだけお聞きしたいことがある。あなたは私を新選組の者と知って身に余る親切を尽くしてくれた。それを、それをわしの門出のはなむけに聞かせてくれ」

沖田はあきの愛を確信している。

しかし、あきの返事は意外なものだった。

「あなたは私の一生に一度の人、吉田稔麿という人を殺しました。もし、私が侍の娘なら敵わぬまでも一太刀恨みたいと思ったかもしれません……(中略)……敵を、敵のあなたをどうかして生かしてあげたいと思ったのは、お命を取りとめてあげたいと思ったのは、吉田さんを殺したあなたに、吉田様の論じられた有り難い天朝様の世をあなたに見てもらいたかったからです」

「そうか、そうだったのか……」

衝撃を受けた沖田は、席を蹴って部屋を飛び出していく。

沖田が去った後、カメラはまだあきの表情を捉えている。

そのあきの表情を見ると、彼女もいままでは必ずしも沖田を憎み切っていたわけではないことが分かる。勿論、彼女も最初は沖田を憎んでいたであろう。しかし、沖田という人間に実際に接してみると、彼も決して憎むべき人斬りではなく、純粋で誠実な愛すべき青年でもあることが分かってきた。だからこそ、彼女も親身になって沖田の看病をしたとも言えるではないか。けれども、最後の最後、彼女はどうしても目の前にいる沖田が、自分の一番大切な人を奪った当の相手であることを忘れることはできなかった。彼女の表情からは、おおよそ、そんなことが読み取れる。

大抵の映画では池田屋事件で新選組が勝利を挙げれば、池田屋事件に関してはそれでもう終わりなのだが、この映画はそれで終わらせず、池田屋事件がもたらした傷跡、つまり男女の愛憎や人間心理にまで目を配ったところに内容の濃さがある。

坂本龍馬の天皇崇拝

この映画の最初のヤマ場が池田屋事件なら、最後のヤマ場は坂本龍馬暗殺である。

映画の終末近く、「ついに慶喜公が大政奉還の大英断を下した」という吉報を持って、中岡慎太郎（羅門光三郎）が龍馬の元へ駆け込んできて、二人は「とうとう王政復古の時が来たぞ」と手を取り合って喜ぶ。

しかし、それはほんの束の間のことだった。そこへ、いきなり踏み込んできた刺客の佐々木唯三郎（大友柳太朗）たちに、龍馬と慎太郎は応戦する暇もなく、ズタズタに斬られてしまう。刺客たちが引き揚げて行った後、深手を負い、虫の息の龍馬は、それでもなおかつ、声を張り上げてこう問う。

「中岡、御所は？　御所の方角は？」

御所とは、言うまでもなくこんにちの皇居のことである。

「うん、こちらだ。こちらだぞ」

「目が見えなくなってきた。（天皇に）お暇乞《いとまご》いを申し上げる。ああっ、お暇乞い申し上げるんだ」

龍馬は再び意識が遠のいてその場に倒れ、まだ意識がある慎太郎が龍馬を懸命に抱き起こしてやる。

「微臣《びしん》・坂本龍馬。死して護国の鬼となり、王城を守護し奉る！」

龍馬は遥か御所のほうを伏し拝み、そう絶叫してこと切れる。

ここで改めて思い知らされるのは、今わの際の龍馬が、最期にどうしてもしなければならなかったことは、天皇に「お暇乞いを申し上げる」ことだったという、こんにちからすれば驚くべき、この一事である。これこそ戦前、戦中における日本人の、骨の髄まで沁み込んだ尊王精神の極みと言わなくてはならない。

じつは阪東妻三郎はこれに先立つ昭和三年にも『坂本龍馬』（阪妻プロ、枝正義郎監督）という映画で龍馬を演じているが、これもラストは全く同じだった。龍馬と慎太郎を斬った見廻組の佐々木唯三郎たちが引き揚げて行ったあと、龍馬は苦しみながらも、

「皇居は？　皇居は……」

と必死にその方角を訪ね、死力を振り絞って、こう呻く。

「坂本龍馬……身は死しても魂は、永久、愛国の、大海原を……守護し奉る……」

「御所は？　御所の方角は？」と問う坂本龍馬（阪東妻三郎）。大映『維新の曲』

阪妻プロ『坂本龍馬』の坂本龍馬（阪東妻三郎）

そして、遥か皇居の方角を伏し拝む龍馬と慎太郎の後ろ姿で、この映画は終わる。

そう言えば、あまたある戦前の『月形半平太』映画も、最後は新選組の刃を全身に受けた月形半平太が本堂の柱に、「死して護国の鬼となる」と血書して果てるのが、お決まりのラストシーンであり、大向こうを唸らせる見せ場でもあった。

死に至るまでの尊王精神……。これこそ戦前、戦中における幕末映画の必須条件だった。

私は今回、本書を書くため、あらためて多くの戦前、戦中の幕末映画を観てみた。そして当時の日本人の尊王精神や天皇崇拝といったものをまざまざと見せつけられて、正直言って大きな驚きを禁じ得なかった。しかし、それはもしかしたら、外国映画の中で、神に対する絶対的な信仰といったものを見せつけられて驚きを新たにするのと同質のものではないだろうか。

スターの栄枯盛衰

ここでちょっと坂本龍馬を暗殺する佐々木唯三郎役を演じた大友柳太朗について触れておきたい。新興キネマでは主役だった大友柳太朗は、三社合併でスターがひしめき合ったこの映画では、近藤勇役の阿部九州男、沖田総司役の南條新太郎、そして中岡慎太郎役の羅門光三郎などに比べると、とてもランクの低い端役だった。出番は配下の者と近江屋に押し込んで龍馬を斬って去るだけの、ほんの二、三分だけ。台詞《せりふ》も、応対に出た近江屋の店の者に、

「拙者は十津川の者。坂本先生がご在宿ならばちょっと御意を得たい」

と名乗るときと、二階に踏み込んで龍馬をめった斬りにした後、相手が倒れて動かなくなったのを見届けて配下の者に、

「もうよい、もうよい……」

と引き揚げを命じる、このたった二言だけである。

大友よりも重要な役で、台詞の数も多い阿部九州男や南條新太郎や羅門光三郎らに比べて、あまりにも見劣りのする役だった。台詞の多い少ないは役者にとって生死にかかわる大問題である。しかも大友の役は龍馬を斬殺するいわば敵役《かたきやく》。このときの大友の心境は果たしてどのようなものだったろう。

しかし、スターの栄枯盛衰は激しい。このときは大友柳太郎の上位にランクされていた阿部九州男や南條新太郎や羅門光三郎は、その後すぐ脇役に転落してしまった。

が、一方の大友龍太朗は以来十年、不遇時代をかこったのちではあるが、戦後、東映の佐伯清監

坂本龍馬（阪東妻三郎）を斬る佐々木唯三郎役の大友柳太朗。大映『維新の曲』

督『加賀騒動』（一九五三年）で奇跡的に主役に返り咲き、それ以後は、片岡千恵蔵や市川右太衛門、中村錦之助や大川橋蔵と並んで、東映時代劇の全盛時代を支える大スターの一人として絶頂期を迎える。

結局、大友の絶頂期は時代劇の衰退期がくるまで十年続いた。つまり、なんでも十年である。不遇時代も十年。絶頂期も十年。それ以上は続かない。

戦前、主役だった時代劇スターで、その後十年、あるいはそれ以上の長い不遇時代を経て、戦後に再び主役の座に返り咲いた例は、松竹の高田浩吉、東映の大友柳太朗、そして松竹から東映に移籍後の近衛十四郎の、わずか三人だけである。

スターの栄枯盛衰を見ると、つくづく人生の転変というものを考えさせられる。

日本最初の天皇役者

話がちょっと横道にそれたが、本題に戻る。

『維新の曲』には坂本龍馬の暗殺シーンの前に、いよいよ幕府の命運も尽きたことを覚った徳川慶喜(嵐寛寿郎)が、二条城の大広間に大名諸侯を集めて、大政奉還の決意を申し述べるシーンがある。

「余はすみやかに大政を返上し奉りたき存念である。東照公以来の鴻業を一朝にして廃滅するは、ご先祖に対し……」

徳川慶喜は、表面的にはそうした言葉を淡々と申し述べていく。しかし、慶喜のその沈痛な面持ちや、諄々と語り聞かせるような言葉の抑揚などから、つい私は太平洋戦争における昭和天皇の終戦の詔勅を連想してしまった。

勿論、この映画の公開は昭和一七年で、昭和天皇の終戦の詔勅は、その三年後の昭和二〇年のことだから、時間的には逆である。しかし、こうした連想が起きてしまうところに、映画というものの面白さがあるような気がする。

大政奉還を行って政権の座を去る徳川慶喜と、未曽有の敗戦という事態を受けて終戦の詔勅を述べる昭和天皇――。両者に全く共通点がないわけではない。

この『維新の曲』で嵐寛寿郎の徳川慶喜が政権返上した相手は、画面には出てこないものの、時の明治天皇であることは言うまでもない。

ところが、その明治天皇に関連して、『維新の曲』から十五年後、嵐寛寿郎にとんでもない話が舞い込んでくる。倒産寸前の新東宝という会社に入社した嵐寛寿郎に、あろうことか、

「今度の映画で明治天皇を演じてくれ」

という大蔵貢の社長命令が下る。映画の題名は『明治天皇と日露大戦争』。じり貧の新東宝が起死回生の社運を賭けて製作する超大作である。

「そらあきまへんわ。〝不敬罪〟ですわ。右翼が殺しにきよります。ワテはご免こうむりたい」

嵐寛寿郎があわてたのも無理はなかった。当時は一俳優が天皇の役を演じるなど、まさに前代未聞のことであり、まかり間違えば命の危険すらあった。

「寛寿郎クン、大日本最初の天皇役者として、歴史に残りたいと思わんかねキミイ」

大蔵貢はそう言って嵐寛寿郎の役者魂をくすぐった。

『明治天皇と日露大戦争』(一九五七年、昭和三二)は日露戦争の二〇三高地攻略や日本海海戦の大勝利を美談と紙芝居的な愛国精神で描いた、全くアナクロニズムの見本のような作品であった。ところが、あにはからんや、そのアナクロニズムの見本のようなこの作品が驚異的な大ヒットとなって空前の配給収入を挙げ、たとえ一時的にもせよ左前の新東宝を立て直したのだから、世の中なにが起こるか分からない。そして〝日本最初の天皇役者〟として明治天皇を演じた嵐寛寿郎も、そっく

りだと大絶賛を博し、〝アラカン天皇〟の尊称まで奉られることになる。

この映画を観て感じるのは、日本人の天皇崇拝は決して戦前、戦中だけでなく、民主主義の戦後になってもまだまだ根強いものがあるということだった。それはもう製作会社にとっても、脚本家や監督にとっても、演じる俳優にとっても、そして映画を観る観客にとっても――である。

当の嵐寛寿郎はこの後、続く新東宝の大作『天皇・皇后と日清戦争』と『明治大帝と乃木将軍』でも明治天皇を演じ、おまけに『新日本珍道中』というお遊び映画にまで明治天皇の役で特別出演するなど、天皇の扮装がすっかり板についてしまった。

新東宝『明治天皇と日露大戦争』で明治天皇に扮した嵐寛寿郎

嵐寛寿郎は『明治天皇と日露大戦争』のときすでに五十五歳。立ち回りのうまさは日本一と謳われたアラカンも、このころはもう全盛期の颯爽たる面影はなく、かつては絶大な集客力を誇った二つのヒットシリーズ『右門捕物帖』と『鞍馬天狗』も、すでにスクリーンから姿を消していた。つまりチヤンバラ・スターとして当たり役と言えるようなものが、なに一つなくなってしまった落ち目の嵐寛寿郎にとって、恐れ多くも明治天皇の役は、彼の晩年のちょっとした当たり役のようなものになってしまった。

ちなみに嵐寛寿郎は、これに続く一九六〇年(昭和三五)年の『皇室と戦争とわが民族』では、とうとう天皇家の皇祖として崇め奉られる神武天皇の役まで演じたのだから、これはもう一代の天皇役者と称して差し支えないだろう。

〈間奏曲I〉 そして龍馬と新選組が残った

幕末映画の主人公たち

幕末映画の主人公で、戦前すでに絶大な人気があり、十本以上の映画が作られたのは、架空の人物も含めて、鞍馬天狗、坂本龍馬、高杉晋作、月形半平太、西郷隆盛の五人である。

この五人は明治維新を主導した倒幕派の志士であり、功労者なので、明治維新による人物評価が絶対視されていた戦前においては、当然の人気であり、当然の映画化本数なのかもしれない。

が、私はもう一人、これに桂小五郎も加えてもよいのではないかと思う。たしかに桂小五郎を主人公にした映画は戦前戦中の阪東妻三郎の『剣士桂小五郎』(一九三三年)や、月形龍之介の『剣風練兵館』(一九四四年)など数本に、戦後の嵐寛寿郎の『桂小五郎と近藤勇　龍虎の決戦』(一九五七年)を加えても、その数は十本に満たないが、主人公に次ぐ副主人公として幕末映画に登場することが非常に多く、大衆的な人気が高い鞍馬天狗映画、坂本龍馬映画、月形半平太映画など、ほとんどの幕末映画の常連でもある。

それに桂小五郎は、敵側である新選組映画にも、重要な役で登場することが多い。幕末映画の主人公はその時代、時代によって流行《はや》り廃《すた》りが激しいが、桂小五郎は戦前も戦後も変わらぬ人気を保ち続けている稀有な存在である。派手な単独の主人公としてではなく、地味な二番手の役に甘んじることによって、その人気が長続きしている珍しい例と言ったらよいか。幕末映画への登場回数だけを数えれば、もしかしたら最多かもしれない。

しかし、勿論、桂小五郎を加えたところで、幕末映画の主人公が倒幕派の志士たちによって独占されている事実に変わりはない。

まさしく「勝てば官軍、負ければ賊軍」であり、西郷隆盛と桂小五郎(木戸孝允の名で)は実際に明治新政府の高官にまでなっている。

これに反して幕府側の主人公としては、辛うじて井伊直弼や勝海舟の名が挙げられるが、その本数は極めて少ない。

結局、幕府側の題材で、戦前すでに十本以上映画化されているのは、わずかに新選組と白虎隊だけである。

ここで考えさせられるのは、倒幕派の主人公たちはみな純然たる個人なのに、幕府側の主人公に限っては個人ではなく、集団である点である。

倒幕派の主人公たちは、例外なく英雄としてその功績が喧伝され、顕彰されるのに対して、幕府側の主人公に対しては、わずかにその滅亡を哀惜したり(新選組)、その若く傷ましい死を追悼すること(白虎隊)が許されているにすぎないと言った印象が拭えない。

このへんのところ、幕府側の主人公を大っぴらに英雄視することは憚られるが、集団としての滅亡や死を追悼することだけは辛うじて許されるといった、戦前の空気をやや感じないでもない。

いずれにしても、戦前、すでに倒幕派の主人公たちによって独占されていた幕末映画の一角に、幕府側から奇跡的に新選組と白虎隊が食い込んでいたことだけは変わらない。

最大本数を誇る新選組映画

しかし、戦後になると、一転して倒幕派の月形半平太、高杉晋作、西郷隆盛の三人は人気が急落してしまい、一番多い月形半平太でも、市川右太衛門の『月形半平太』(一九五二年、内出好吉監督)、長谷川一夫の『月形半平太』(一九五六年、衣笠貞之助監督)、大川橋蔵の『月形半平太』(一九六一年、マキノ雅弘監督)など、辛うじて三本作られただけである。このうち長谷川一夫の『月形半平太』は当時の大映スター総出演によるいわゆるオールスター映画で、その面白さも抜群なのだが、大詰めで半平太の命を奪う敵役《かたきやく》として当然登場すべきはずの新選組が全く出てこない、そういう意味では、非常に珍しい半平太映画だった。いまここでその内容を詳しく説明しているいとまはないが、ぜひとの一見を、お薦めしておく。

大映『月形半平太』の長谷川一夫。右は木暮美千代、左は三田登喜子

ちなみに、高杉晋作は石原裕次郎の『幕末太陽傳』(一九五七年)の一本きり。西郷隆盛に至っては長らく皆無だったが、近年やっと関連作が一本作られただけである。

それに幕府側の白虎隊も、戦後になると急に影が薄くなってしまい、わずかに市川雷蔵のデビュー作『花の白虎隊』(一九五四年)など二本が作られただけにとどまる。

結局、戦前からすでに人気があって、それが戦後まで生き延び、多くの本数が作られた幕末映画の主人公は、鞍馬天狗と坂本龍馬と新選組の三つである。

しかし、鞍馬天狗は戦後まで生き延びたとは言っても、一九六五年、市川雷蔵の『新鞍馬天狗五條坂の決闘』を最後に、それ以後は全く作られていない。そういった意味では、戦前から現在に至るまで、変わらぬ人気を保ち続けている幕末映画の主人公は、倒幕派の坂本龍馬と幕府側の新選組の二つだけということになる。

しかも、今回調べて分かったのは、幕末映画の中で戦前・戦後を通じて最大本数を誇るのは、勝者の側の燦然たるヒーロー、鞍馬天狗でも坂本龍馬でもなく、なんと敗者の側の新選組だったという驚くべき事実である。

戦前・戦後を通じて、新選組映画は七十本もあり、鞍馬天狗映画はおよそ六十本である。ところが、坂本龍馬映画となると、その数はぐんと減って三十本足らずである。

鞍馬天狗は戦前・戦後を通じて圧倒的な人気があった、いわゆるシリーズものなので、その数六十本というのも、あながちうなずけないわけではない。しかし、どうしても合点がいかないのは、幕末史を彩る人物の中でも断トツの人気がある坂本龍馬が三十本足らずで、徳川幕府の走狗、〝人斬り集団〟と蔑視されることも多い新選組が七十本もあって、幕末映画の中でも最大本数を誇るという事実である。これは一体どう受け止めるべきだろうか。

念のため述べておくが、ここで言う新選組映画七十本というのは、新選組を主人公としてまともに描いている「新選組賛美映画」「新選組批判映画」だけの数であって、新選組が脇役としてしか登場しない「新選組悪役映画」はその数に入っていない。「新選組悪役映画」も入れれば、その数は二百数十本にも及ぶ。

最後に残るのは龍馬か、新選組か

坂本龍馬は光り輝く幕末のヒーローであるが、新選組にはどうしても歴史の暗い影を引き摺ったダーク・ヒーローのイメージがつきまとう。しかも、龍馬は暗殺されたとは言っても、明治維新の栄えある勝者の側に位置し、新選組は不名誉な敗者の側に位置している。そしてこんにちにおける龍馬に対する歴史的評価は非常に高く、新選組に対するそれは極めて低い。

その人気からすれば龍馬は当然、新選組に匹敵する映画化回数があってよいはずなのに、なぜか龍馬映画は意外に少なく、新選組映画は予想外に多い。龍馬人気と新選組人気のこのアンバランスなねじれの中に、私は日本人の微妙な心理があるように思えてならない。

映画の中では、坂本龍馬は常に時代の流れを正しく認識して、時計の針を前へ進めようとする。いわば龍馬は明治以来の日本人の進歩史観の象徴のような存在である。

反対に新選組は、時代の流れに逆らって、時計の針を逆方向に戻そうとする。

そして龍馬は薩長連合と大政奉還の立役者としての栄光の絶頂において凶刃に倒れ、新選組は果てしない錯誤と敗北のうちに壊滅していく。

私たち日本人は、けっして時代認識を誤まらず、正しい判断に基づいた行動を取る龍馬よりも、錯誤と敗北を繰り返す新選組に、より人間的な親しみと共感を覚えるのだろうか。

ともかくも、戦後、多くの幕末映画の主人公たちが姿を消していった中で、あらゆる意味で両極に位置する龍馬と新選組が共に生き残った事実に注目したい。

龍馬には明るく、おおらかで、目的に向かってまっすぐに突き進んでいく、いわば向日性の魅力がある。

それでは新選組には一体どんな魅力があるかと言われても、龍馬のように肯定的な言葉は一切浮かんでこない。およそ、それを裏返しにしたような言葉しか思いつかない。時代に背を向け、敗残の道を歩いていく。いわばマイナスの魅力。歴史のあだ花としての魅力。強いて言えば、それが新選組の魅力なのかもしれない。

明治維新からは百五十年余を経て、奇しくも現代に生き残った坂本龍馬と新選組――。しかし、最後に残るのは果たして龍馬なのか、新選組なのか、それは誰にも分からない。

第二章　戦後時代劇全盛期の新選組映画

戦後作への視点

戦後の新選組映画の特徴は何か。

それは戦前は圧倒的に多かった「新選組悪役映画」が目立って減り、逆に新選組をヒーローとして描く「新選組賛美映画」が主流になってきたことである。

そして「新選組悪役映画」では勤王の志士を弾圧するテロ集団の首領としてのみ描かれていた近藤勇も、一転して滅びゆく幕府に最後まで忠義を尽くす硬骨の武士として描かれることが多くなってきた。

これにはやはり日本人の〝敗戦体験〟が、大きく影響しているものと思われる。敗戦体験によって、歴史上の人物に対する評価が一変し、甚だしい場合は百八十度変わってしまうことも珍しくなかった。

戦前の幕末映画はおしなべて勝者史観で、どうしても敗者である徳川幕府側は悪として描かれることが多かったが、太平洋戦争の敗戦によって、敗者である新選組に対する見方も変わり、理解の目を持って描かれる度合いが強まったと言えよう。

羽織の紐をくわえて――『新選組鬼隊長』

戦後の新選組映画に最も多く主演したのは、東映の片岡千恵蔵である。彼は戦後時代劇の復興期から全盛期にかけて、

一九五二年(昭和二七)萩原遼監督『新選組』第一部「京洛風雲の巻」
一九五二年(昭和二七)萩原遼監督『新選組』第二部「池田屋騒動」
一九五二年(昭和二七)萩原遼監督『新選組』第三部「魔剣乱舞」
一九五四年(昭和二九)河野寿一監督『新選組鬼隊長』
一九五八年(昭和三三)佐々木康監督『新選組』
一九六〇年(昭和三五)佐々木康監督『壮烈新選組　幕末の動乱』
一九六一年(昭和三六)松田定次監督『維新の篝火』

と七本の新選組映画に主演し、これは新選組映画の主人公を演じた回数としては戦後最多である。片岡千恵蔵は、一九五二年の『新選組』三部作では架空の新選組隊士・秋葉守之助を、続く一九五四年の『新選組鬼隊長』、一九五八年の『新選組』、一九六〇年『壮烈新選組　幕末の動乱』の都合三作では近藤勇を演じ、さらに一九六一年の『維新の篝火』では土方歳三役を務めて、名実ともに新選組俳優ナンバーワンの貫録を示した。戦前に引き続き、戦後も新選組映画の数は相変わらず多いが、近藤勇を主役で三度も演じたのは、戦後では片岡千恵蔵ただ一人である。

東映『新選組鬼隊長』の近藤勇（片岡千恵蔵）

それでは千恵蔵の新選組映画で、真っ先に目に浮かぶのは何かというと、これはもう言うまでもなく、池田屋斬り込みの場面における彼の凄まじい殺陣である。

が、殺陣を論じる前に、どうしても一つだけ注意を喚起しておきたいシーンがある。それは一九五四年の『新選組鬼隊長』で、先頭を切って池田屋に踏み込んだ近藤勇が、階段で最初の一人を斬り捨てた後、階上の倒幕派の浪士たちを睨み付けながら、羽織の紐を口にくわえてゆっくりと振りほどき、素早く羽織を脱ぎ捨てるシーンなのだが、この動作がなかなか凄味があって、あとあとまで忘れられなかった。

つまり、この羽織の紐をくわえて振りほどくという動作が、実際に剣を振るって人を斬る行為よりも、その緊迫感において、なんとも映画的興奮を駆り立てる動作だったわけである。このシーン、ご記憶の方はあるだろうか。

この動作は、当の千恵蔵にとっても、どうやら会心の出来映えであったらしく、同じ動作が四年後の一九五八年の『新選組』でも、六年後の一九六〇年『壮烈新選組　幕末の動乱』でもそっくりそのまま繰り返されるのである。『新選組』では同じ池田屋の場面で寸分違わず再現されるが、『壮烈新選組　幕末の動乱』では同じ池田屋の場面ではあまりにも曲がないと思ったのか、別の趣向が凝らされていた。

つまり池田屋の場面ではなく、終盤、反対派の伊東甲子太郎(月形龍之介)一派に銃撃されて落馬した近藤勇が、大勢の敵に囲まれて絶体絶命のピンチに立たされる。近藤の肩からは真っ赤な血が噴き出している。このときである。応戦するため、近藤が肩の痛みに耐えながら凄まじい形相で、羽織の紐をくわえて振りほどくのは――。が、いま言ったように近藤が手酷い傷を負っているため、池田屋の場面とは違って、羽織の紐をくわえる動作に一層悲壮感が感じられ、劇的効果は抜群だった。

鬼気迫る立ち回り

羽織の紐で思わぬ寄り道をした。

さて問題の『新選組鬼隊長』の殺陣である。

新選組と倒幕派浪士たちが死闘を繰り広げている池田屋の二階座敷は、すでに障子はズタズタに切り裂かれて傾き、家具は蹴倒されて、さんたんたる惨状を呈している。

前後左右を敵に囲まれた近藤は、ほとんど無防備の構えのまま、ずぃっ、ずぃっと敵中に踏み込んでいく。裂帛《れっぱく》の気合と共に斬り込んできた敵刃を交わして白刃を一閃させると、薄暗がりの中で敵の影が一つ、また一つと弧を描いて倒れていく。

斬った瞬間、真っ赤な血しぶきが近藤の顔にパッと跳ね返る。

チン、ジャン、チンジャン、チンジャン……。

遠く祇園ばやしの鉦《かね》や太鼓の音が聞こえる。

全身、殺気の塊のような近藤が血刃をきらめかせて、一人、また一人と死人の山を築いていく。

その様相はまさに「鬼気迫る」としか言いようがない。

こうした極度に張りつめた殺陣は、片岡千恵蔵が二度目に近藤を演じた『新選組』でも、三度目に近藤を演じた『壮烈新選組　幕末の動乱』でも、ほぼ同様に繰り返されるのだが、千恵蔵はどうも池田屋のシーンを演じるためにだけ、新選組映画に出演していたようなふしがある。

　彼はおそらく役者の本能から、「新選組とは要するに池田屋なのだ」と直感し、そのことのために新選組映画に出演し、そのことのためにだけ近藤勇を演じていたのではないか、とすら思う。

　とにかく千恵蔵が近藤勇を演じた三作品の池田屋乱闘のシーンからは、彼がそのシーンに全神経を集中し、全身全霊を込めて演じていることが、びんびん伝わってくる。

　池田屋乱闘の場面が私たち観客の目を捉えて放さないのは、もはや言葉はなく、ただ白刃と白刃が打ち合うという究極の行為だけが支配下する世界だからである。

東映『新選組鬼隊長』の近藤勇（片岡千恵蔵）

　そして千恵蔵が演じた池田屋の場面が、異常に迫力があり、緊迫感があるのは一場を支配しているものが、じつは静寂と沈黙だからである。動きは非常に少ない。むしろ張りつめた静寂と沈黙の時間が長く、ときおり、それを破って、ギラリと白刃が閃くといった殺陣である。

　たとえば他の新選組映画やテレビの新選組ドラマなどでは、池田屋の場面に斬り込んだ新選組と応戦する倒幕派の浪士たちが、バタバタめまぐるしく動き回り、チャンチャンバラバラと派手に斬り合うシーンにお目にかかることがよくあるが、これは非常に疑問である。第一、真っ暗な池田屋の中でそのようにめまぐるしく動き回れるものではない。それに真剣というものは重い上に非常に危険な代物である。むやみに振り回すと自分の体も傷つけかねない。斬り合いといっても、勢い双方とも、刀を構えたまま睨み合っている時間のほうが長いのではないだろうか。

まるで机龍之助のように

本音を言えば、『新選組鬼隊長』『新選組』『壮烈新選組　幕末の動乱』三作品を通じて、池田屋斬り込み場面における片岡千恵蔵の近藤勇は、それ以外の場面の近藤とはまるで別人のように見える。と言うのは、千恵蔵が演じる近藤勇の人物像は、三作とも非常に謙虚で物腰が柔らかく、隊士や女子供にもことのほか優しい。言ってみれば勧善懲悪型の時代劇によくあるまことに理想的な人物である。にもかかわらず、この池田屋斬り込みのシーンでだけ、彼は突然、恐るべき剣鬼に豹変するような気がするのだ。少なくても私にはそう見える。

池田屋斬り込みにおける近藤の殺陣は、じつは千恵蔵のもう一つの持ち役である『大菩薩峠』の虚無的な剣鬼・机龍之助を彷彿《ほうふつ》とさせる。まるで机龍之助が『大菩薩峠』の画面から抜け出して、突然、新選組映画の近藤勇に乗り移ったような不気味さ、そら恐ろしさを感じる。

そう言えば、近藤勇を演じる片岡千恵蔵には、二つの演技パターンが併存しているように思える。

その一つは、隊を統率する冷静沈着な理想的なリーダーのイメージであり、その祖型は彼が最も得意とした忠臣蔵映画における大石内蔵助にある。もう一つは、研ぎ澄まされた剣鬼のイメージであり、その祖型はこれまた大石内蔵助と並んで彼が得意とした『大菩薩峠』における机龍之助のイメージである。

新選組映画で千恵蔵が演じた近藤勇は九割が大石内蔵助のイメージで、残り一割が机龍之助のイメージである。ところが、大石内蔵助のイメージで演じている部分は、忠臣蔵映画のような重厚さがなく、どちらかと言えば凡庸で、たった一割の机龍之助の部分が、緊迫感に満ちた異様な光を放っているのはなぜなのか。

大政奉還を容認する近藤勇

以上は『新選組鬼隊長』『新選組』『壮烈新選組　幕末の動乱』三作品の殺陣についての考察であるが、言うまでもなく、それは殺陣だけに関するもので、作品評価となると自ずからまた違ってくる。

『新選組鬼隊長』は、子母澤寛の『新選組始末記』の映画化ということもあり、原作に沿って新選組が池田屋事件と伊東甲子太郎一派との戦いに勝利した後、鳥羽伏見の戦いと甲州勝沼の戦いでは敗北し、さらに下総流山で近藤勇が隊士の命を救うため、単身、官軍に投降するまでを描いた、いわば新選組興亡史である。つまり新選組勝利の記録も敗北の記録もともに描いて、文字通り新選組の最後を見届ける視点によって貫かれている。

注目すべき、こんな場面がある。

近藤勇は徳川幕府の退勢が覆い難くなったとき、その打開策を求めて土佐の後藤象二郎（千田是也）と会談する。後藤象二郎は将軍・徳川慶喜に政権返上を説く大政奉還論者である。後藤が勤王派で、近藤が佐幕派であることは言うまでもないが、近藤はその後藤に対してこう切り出す。

「広い視野に立ってみれば、勤王も佐幕もなく、ただある

東映『新選組鬼隊長』左から土方歳三（原健策）、近藤勇（片岡千恵蔵）、沖田総司（中村錦之助、後の萬屋錦之介）

のは新しい日本の行く末、それだけだと思います」

「そのご意見に基づけば私の大政奉還論は？」

「後藤さん、私は将軍家の大政奉還に対しては全面的に否定しておりません」

「ほう、それで」

「ただ私は将軍家に代わって政権を私しようとする動きに対しては反対です」

「ほう、例えば？」

「例えば長州、薩摩……」

近藤はそう断定する。つまり近藤は時代の趨勢の赴くところ、近藤の主君である将軍・徳川慶喜が政権を朝廷に返上することは止むを得ないこととして、容認すると言うのである。しかし、そうした幕府に成り代わって私利私欲から政権を独占しようとする長州や薩摩には断固反対すると――。そして、これがこの映画の主張であり、近藤勇の一貫した主張である。ひいては大方の新選組映画の主張もここにあると言って、それほど間違いはない。

『新選組鬼隊長』は、まだ東映草創期に作られた、予算もまだ潤沢ではない白黒スタンダード映画だったが、そうした近藤勇の主張と生き方を描いて、まずまずの秀作と言ってよかった。

全盛期の二本の欠点――『新選組』と『壮烈新選組　幕末の動乱』

ところが、東映が全盛期に入って潤沢な予算を投入して絢爛豪華なカラー作品として作られた一九五八年（昭和三三）の『新選組』と一九六〇年（昭和三三）の『壮烈新選組　幕末の動乱』は、なんとも芳しからざる内容だった。しかも『新選組』は千恵蔵の他に大友柳太朗と東千代之介という二大スターが顔を見せ、『壮烈新選組　幕末の動乱』のほうも千恵蔵の他にこれも大友柳太朗と大川橋蔵が出演した準オールスター級の配役だったにもかかわらず……である。

東映『壮烈新選組　幕末の動乱』の近藤勇（片岡千恵蔵）と有賀織之助（大川橋蔵）

まず、『新選組』は、架空の人物の鞍馬天狗（東千代之介）や月形半平太（大友柳太朗）まで顔を出すという珍品だった。しかも、薩長同盟が成立して、幕府の形勢が悪くなると、月形半平太が近藤勇に「近藤さんだけはこの機会にわれわれの陣営にお迎えしたい」などとアホなことを言うシーンまである。ラストは近藤勇が新選組を率いて鳥羽伏見の戦いに出陣していくシーンなのだが、その姿があまりにも威風堂々としていて、晴れ晴れとした笑顔まで見せるものだから、もしかしたら鳥羽伏見の戦いは新選組の大勝利で終わるのではないかと勘違いしかねないエンディングだった。

『壮烈新選組　幕末の動乱』は、白井喬二の『新撰組』を原作に頂いてはいるものの、その小説の主人公で独楽《こま》使いの織之助は、映画では勤王の志士の有賀織之助（大川橋蔵）となっていて、およそ原作とは似ても似つかない内容に改変されてしまっている。おまけに伊東甲子太郎一派に襲われた近藤勇を、敵方の織之助ともう一人の勤王の志士・倉原新兵衛（大友柳太朗）が助けて、伊東一派を倒し、めでたしめでたしで終わるという、いかにもご都合主義なストーリーだけが目に付く作品だった。

結局、東映時代劇全盛期に作られた『新選組』と『壮烈新選組　幕末の動乱』の共通点は、新選組の勝利の記録だけを描いて敗北の記録は一切描かない映画だった。〈敗者をあたかも勝者であるかのように描く〉まことに不思議な新選組映画と言ってもよい。

新選組映画は、幕末の歴史の中で新選組の興亡を描くところにその面白さがあるのだが、東映お得意の勧善懲悪物語にすり替えてしまったところに、この二本のもの足りなさがあると言えよう。

珍しい恋愛ドラマ――『維新の篝火』

一九六一年(昭和三六)、東映、池波正太郎原作、結束信二脚本、松田定次監督『維新の篝火』は、『新選組鬼隊長』『新選組』『壮烈新選組　幕末の動乱』と三本続けて近藤勇役を務めてきた片岡千恵蔵が、初めて土方歳三役に取り組んだ異色作である。そして、もしかしたら、土方歳三を主人公にした映画はこの作品が最初かもしれない。戦前作はそのすべてを確認できるわけではないが、少なくても戦後では初めてである。

東映『維新の篝火』の土方歳三（片岡千恵蔵）とお房（淡島千景）

ほとんどの新選組映画は、間違いなく幕末の殺伐とした動乱劇であるが、この映画は珍しく情緒纏綿《てんめん》とした恋愛ドラマであるという点に注目したい。

京の町で「剃刀《かみそり》の土方……」と恐れられた新選組の土方歳三(片岡千恵蔵)は、商家の未亡人お房(淡島千景)と三度、偶然出会った。一度目は彼が倒幕派の浪士たちに襲われたとき、二度目は町中で、三度目は雨宿りの茶店で……。そして二人はその茶店の奥座敷でいつしか逢瀬を重ねるようになる。土方は新選組副長の激務を縫っての逢瀬であり、お房もまた商家の女主人という忙しい身での逢瀬である。お房にはまだ幼い子までである。

互に相手のことには深くは立ち入らない、会ったときだけの関係。納得ずくの大人の関係だったが、土方もお房も、束の間の情事に身を焦がすようになっていく。

しかし、時は動乱の真っただ中であり、新選組はその最前線に立つ先兵である。江戸を攻める東征軍が鳥羽伏見まで迫り、土方も出陣しなければならなくなる。

「お房さん、俺は別れに来たのだ。新選組は今夜出動する」

「嫌どす！　先生、戦争に行かんといておくれやす。うち、世間も家も何もかもほかします。先生も新選組をほかしとくれやすな」

「ほかのことは言わない約束の二人だったな。笑って別れよう」

土方は取りすがるお房を振り切って鳥羽伏見の戦場へ赴く。しかし、白刃突撃の新選組は、最新式の鉄砲と大砲を持つ東征軍の前には無力だった。劣勢はいかんともし難く、新選組は敵中に取り残される。土方は敵中突破を敢行する前に下僕の平吉（河野秋武）を呼んで、

「これから京の町へ戻って、これをあの女に渡してくれ」

と袱紗《ふくさ》に包んだ簪《かんざし》を預ける。

「なあ、平吉、俺もただの男であった。どうやらあの女に惚れたらしい。しかし、俺は新選組の土方だ。俺一人の体ではない。地獄の門をくぐる戦にあの女を巻き添えにはできん。今ごろあの女、さぞ俺を恨んでいることだろう」

「先生、この品、必ずお房さんに渡してきます。そして先生のお気持ちをきっと話します」

しかし、その平吉も戦場に倒れ、簪はとうとうお房の手に渡ることはなかった。平吉の骸の傍らに投げ出された簪が、いつまでもいつまでもどしゃぶりの雨に打たれているというのが、この映画のラストシーンである。

濃艶な中年女の恋情を淡島千景がしっとりと演じて好演。監督の松田定次がこのお房役に淡島千景を配役したのは、明らかに昭和二八年の松竹映画『花の生涯』で彼女が演じた妖艶な村山たかのイメージがあったからである。この映画で淡島千景は若き日の井伊直弼（松本幸四郎＝初代白鸚）と関係を持つ〝宿命の女《ファムファタル》〟の役を色気たっぷりに演じて、後々までの語り草となった。

ただ惜しむらくは、肝心の『維新の篝火』で淡島千景の相手方の土方を演じた片岡千恵蔵であろう。彼は役者としては堅物の朴念仁で、恋愛心理を演じるセンシビリティーには欠けている。最初に言ったように、この映画は土方とお房の恋愛ドラマであるため、もっぱら二人の逢瀬にだけ焦点が合わされていて、山南敬助の切腹も、最後の将軍・徳川慶喜の大政奉還も、竹田街道での近藤勇の狙撃事件も、新選組のエポック・ストーリーはすべて〈陰の芝居〉になってしまったのは、まことに残念である。

片岡千恵蔵の陰に隠れて——嵐寛寿郎の新選組映画

片岡千恵蔵が東映で七本の新選組映画に出演していた戦後時代劇の復興期から全盛期にかけて、もう一人、複数の新選組映画に主演した俳優がいた。それは新東宝の座頭《ざかしら》俳優で、アラカンの名で親しまれた嵐寛寿郎で彼はこの時代、

一九五三年(昭和二八)池田富保監督『近藤勇　池田屋騒動』
一九五七年(昭和三二)並木鏡太郎監督『桂小五郎と近藤勇　竜虎の決戦』
一九六一年(昭和三六)毛利正樹監督『風雲新選組』
　　　　　　　　　　毛利正樹監督『続　風雲新選組』

と四本の新選組映画に出演していた。『近藤勇　池田屋騒動』では近藤勇役に初めて挑み、『桂小五郎と近藤勇　竜虎の決戦』では逆に近藤と対決する桂小五郎に扮し、そして『風雲新選組』『続風雲新選組』では再び近藤勇を演じている。

片岡千恵蔵と嵐寛寿郎は共に無声映画時代からの時代劇スターであり、いくたびか共演もしたが、どちらが上でどちらが下ということもない完全に同格のスターだった。むしろ嵐寛寿郎が中山安兵

衛役で主演した『高田馬場前後』という映画では、片岡千恵蔵が浅野内匠頭役で脇に回ったこともあるくらいである。戦時統合で発足した新会社・大映では阪東妻三郎、市川右太衛門、片岡千恵蔵、嵐寛寿郎の四人が同格の看板俳優だった。

しかし、その後、片岡千恵蔵が東映に移り、嵐寛寿郎が各社を渡り歩いて、新東宝に身を落ち着けたころには、二人の俳優としての格付けには大きな隔たりが生じていた。まず戦後、片岡千恵蔵が役者人生を託した東映は破竹の勢いで躍進を遂げて、一九五六年(昭和三一)には配収で業界トップの座に就き、まさに飛ぶ鳥を落とす勢いの会社にのし上がっていた。

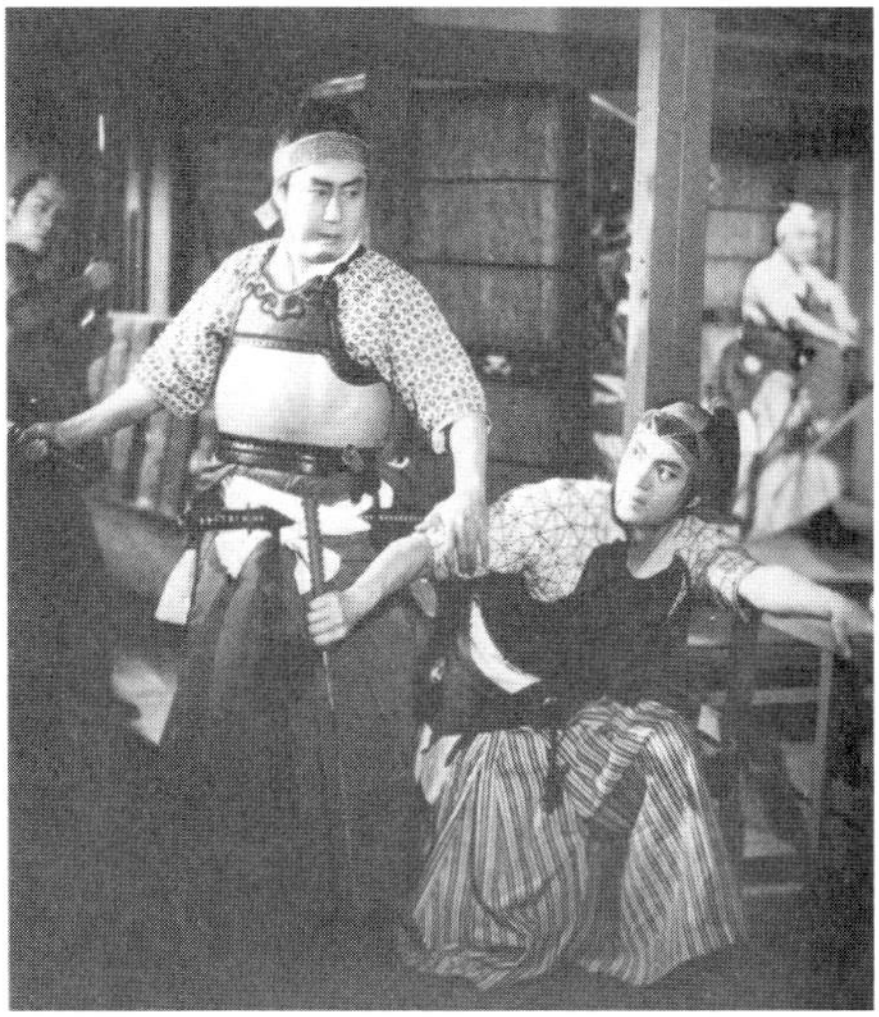

新東宝『風雲新選組』の近藤勇(嵐寛寿郎)と沖田総司(杉山弘太郎)

そして片岡千恵蔵自身も、忠臣蔵映画の大石内蔵助役をはじめ、遠山の金さんシリーズ、オールスター映画の清水次郎長シリーズ、そして多羅尾伴内シリーズなど多くのヒットシリーズを持つ、自他共に許す東映のナンバーワン俳優になっていた。

ところが、嵐寛寿郎が所属した新東宝は、経営不振でエログロ・ナンセンス映画ばかり作っている零細企業で、寛寿郎自身も、かつてのヒットシリーズ『鞍馬天狗』と『むっつり右門捕物帖』はすでになく、落日の色が濃い昔日のチャンバラ・スターと言ってよかった。興行面でも東映と新東宝では大きな開きがあった。

東映はワイドスクリーンと絢爛華麗な総天然色と大スター同士の競演が売り物で、ふんだんにお金をかけた豪華作を連打。邦画各社では最大の館数を誇る直営館、系統館で華々しく封切られて、多くの観客の目に触れるので、良かれ悪しかれ、なにかと話題にもなった。

それに引き換え、新東宝はほとんどが白黒映画で、二流、三流の俳優を使った極端な低予算映画ばかり。上映館数も極めて少なく、設備の悪い場末の三流館でひっそりと封切られ、ほとんど話題にもならなかった。

つまり片岡千恵蔵主演の新選組映画は、多くの観客の目に触れて、良かれあしかれ、批評の対象にもなったが、嵐寛寿郎の新選組映画は、ほとんど観客の目に触れることもなく消えていった。しかも『風雲新選組』はテレビのシリーズドラマを、放送後、映画用に編集し直したもので、倒産寸前の新東宝の最後の時代劇として細々と封切られただけだった。

そして『続 風雲新選組』のほうはもっと悪く、倒産した新東宝の残党を集めて作られたが、放送には至らず、一部映画館でのみ封切られたと、嵐寛寿郎+竹中労『鞍馬天狗のおじさんは——聞書・嵐寛寿郎一代』(七つ森書館)にある。そのため、『続 風雲新選組』は一本の映画としては認められていず、フィルモグラフィーにも載らないことが多いので、嵐寛寿郎が『近藤勇 池田屋騒動』を含めて、計三本の新選組映画に近藤勇役で出演したとは言い難い。まあ、二本としておくのが妥当だろう。

千恵蔵は主役、嵐寛寿郎は脇役として

片岡千恵蔵の新選組映画は、いまでもよくテレビ放送されるが、嵐寛寿郎の新選組映画が放送されることはごく稀である。

それが片岡千恵蔵と嵐寛寿郎の関係だが、運命はまことに皮肉である。互に最後の新選組映画に出演してから二年後の一九六三年(昭和三八)に、片岡千恵蔵と嵐寛寿郎は奇しくも同じ時代劇で共演することになる。東映の大作『十三人の刺客』(工藤栄一監督)である。すでに時代劇の不振は深刻で、東映としても時代劇の復活を賭けた勝負作だった。二人の共演は、一九四七年(昭和二二)の大映五周年記念大作『決闘祭ばやし　竜虎伝』(森一生監督)以来、十六年ぶりのことであるが、前述のごとく、すでに二人の立場には厳然たる差ができていた。千恵蔵は大東映の主席スターとしての出演であり、嵐寛寿郎は新東宝が倒産し、行き場を失っての出演である。もはや同格の出演ではなく、千恵蔵は主役、寛寿郎は脇役とはっきりと差が出た共演だった。

さいわい『十三人の刺客』は成功して、評論家の評価も高く、千恵蔵は時代劇スターとしての最後の面目を施した。ついでに言っておくが、この作品自体は傑作であり、何度観ても面白いが、それから四十七年後の二〇一〇年に、三池崇史監督がリメイクした『十三人の刺客』は、こけおどし

片岡千恵蔵㊨は主役で嵐寛寿郎は脇役で。東映『十三人の刺客』

の、ただただ醜悪なばかりの愚作だった。

さて、時代劇が不振に陥った一九六〇年代は、戦前からの時代劇の大スターだった片岡千恵蔵、市川右太衛門、嵐寛寿郎、長谷川一夫の四人が年齢的な理由から、脇役に回って欲しいという会社側の要請もあり、そのまま主役の座にとどまることが困難になったときでもあった。そのとき市川右太衛門と長谷川一夫の二人はあっさりと映画界から身を引き、舞台やテレビドラマで主役を務める道を選んだ。これは右太衛門や長谷川の「脇役は絶対にやらない。あくまでも主役で通す」という断固たる信念によるものであった。

しかし、近藤勇役者である片岡千恵蔵と嵐寛寿郎は、そのあとも映画界にとどまり、主としてヤクザ映画で鶴田浩二や高倉健など後輩スターの主演作品に脇役として数多く出演した。果たして、これを「役者魂」と見るか、「老醜をさらした」と見るか、大方の意見の分かれるところである。

祇園祭の間だけでも休戦を——『京洛五人男』

これまで片岡千恵蔵と嵐寛寿郎の新選組映画、つまり戦後発足したばかりの新参会社である東映と新東宝の新選組映画を見てきた。

しかし、東映や新東宝ばかりが新選組映画を作っていたわけではない。じつはこの時代、老舗の松竹も一本だけ、大作の新選組映画を世に送っている。一九五六年(昭和三一)の「阪妻追善記念映画」と銘打たれた大曽根辰夫監督『京洛五人男』がそれである。これは一九五三年(昭和二八)にわずか五十一歳で死去した不世出の時代劇スター、阪東妻三郎の三回忌を記念して作られたもので、息子の田村高廣が桂小五郎役で時代劇初出演を果たした。

この映画のテーマは最初から最後まで池田屋事件である。

攘夷か開国か——。はたまた勤王か佐幕か——。京都は連日、倒幕派の浪士たちと新選組の血の雨が降っている。

まず倒幕派の重要人物者である古高俊太郎(市川小太夫)が新選組に捕らわれ拷問を受けるが、彼は同志の者たちが決起して京都を火の海にする日を白状せぬまま舌を噛み切って死ぬ。じつは古高俊太郎が、その場で舌を噛み切って自決するストーリーは、他の新選組映画にはない。

祇園祭をあすに控えた宵宮。倒幕派の指導的人物である武市半平太(高田浩吉)と桂小五郎(田村高廣)と坂本龍馬(近衛十四郎)の三人が会合しているところへ、新選組の近藤勇(松本幸四郎＝初代白鸚)、土方歳三(山路義人)、沖田総司(森美樹)らが踏み込み、あわや血の雨が降るかと思われたとき、勤王坊主の拳骨和尚《げんこつおしょう》(大河内伝次郎)が割って入って、

「年にたった一度の祇園祭じゃ。せめてこの祭りの日だけでも、お互い矛《ほこ》を収めて、みんなと一緒に鉾《ほこ》を眺めて祝う気持ちにはなれねえのかい?」

と仲裁する。半平太たちと近藤は共に拳骨和尚の提案を受け入れて、祇園祭の間だけは互に刃傷沙汰は控える休戦協定を結ぶ。これも他の映画にはない設定である。

祇園祭の間だけでも平和に……。しかし、倒幕派の過激分子たちが京都を火の海にする計画を持って池田屋に参集したため、それを止めようと武市半平太と桂小五郎が駆け付けて来る。そこへ近藤勇が沖田総司や養子の周平(中村賀津雄＝嘉葎雄)を率いて池田屋に斬り込んできて、大乱戦となる。

このとき半平太は若く将来のある桂小五郎を、

「桂、貴様は生き抜くのだ。お前は人を引っ張っていく男だ。俺たちの出来なかったことをし遂げてくれ。よいか。俺が斬って出る。その隙に貴様、逃げろ」

と説き伏せて、自分は近藤勇の前に敢然と立ちふさがって戦い、ついに近藤の刃の下に倒れる。そして、この日が初陣だった周平も倒幕派の浪士たちに斬られてその若い命を散らせる。

近藤は息子の亡骸にそっと羽織をかけてやり、

「この不孝者め。親より先に死におって」

と悲しみをこらえて言う。

このとき階段を駆け上がってきた池田屋の女将お芳(山田五十鈴)は、周平や半平太の亡骸、そして二階の至る所に横たわっている死体を見て、思わず近藤にこう言う。

「こないに、こないに大勢の若いお方が死なはらなあかんのどすか。むごい。むごいことどす」

これは武士である近藤に対する女将のぎりぎりの批判であった。

「……いかにもむごい。追う者、追われる者。あすは我が身が追われるかもしれん。それが時世だ」

そう言って、その場に凝然と立ち尽くしている近藤の姿が、この映画の事実上のラストシーンである。

このあと、池田屋の死闘をよそに行われている祇園祭の風景を映し出して映画は終わる。近藤勇はたしかに池田屋に斬り込んで倒幕派の志士たちを一網打尽にした。しかし、それはあくまでも最愛の養子・

松竹『京洛五人男』の、右から武市半平太（高田浩吉）、桂小五郎（田村高廣）、芸者・幾松（瑳峨三智子）、坂本龍馬（近衛十四郎）

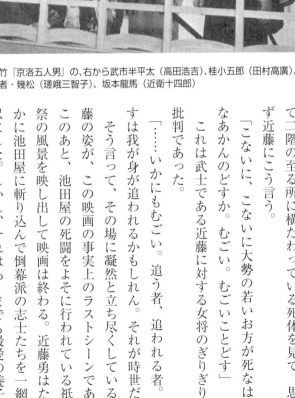

周平の命と引き換えにしてのことだった。あとに残ったものは、近藤勇の果てしない悲しみであり、争いの空しさだった。

養父の近藤勇と反抗的な養子の周平との親子関係や、世代の違いといったものも描いているところに、他の新選組映画にはない、その時代における現代性のようなものが感じられた。

この映画の武市半平太は、たしかに名前は武市半平太であるが、決して土佐勤王党の首領で数々の暗殺事件の黒幕でもある実在の人物・武市半平太ではない。映画の中の半平太がはずみで会津藩士を斬ってしまう話や、その会津藩士の馴染みの芸者に敵《かたき》と付け狙われる話は、明らかに行友李風の有名な戯曲『月形半平太』から取られたものである。それに、この映画に半平太の恋人として登場する芸者・雛菊も、じつは行友李風の『月形半平太』に出て来る人物なのである。つまり、この映画の武市半平太は名前だけのことであり、なんのことはない、架空の人物・月形半平太に実在の人物・武市半平太の名を冠しただけのことなのだ。

〈間奏曲Ⅱ〉 龍馬暗殺と新選組

新選組にかけられた疑い

薩長同盟と大政奉還——。この二つは幕末の政局を大きく揺るがした。いわば回天の二大事業だったと言ってよい。そして、この二つをやってのけたのが、一介の浪人・坂本龍馬だったという事実には、いまさらながら驚かされる。しかし、その坂本龍馬は、大政奉還が行われたそのわずか一か月後に何者かの手によって暗殺されてしまった。

こうなってくると、龍馬の暗殺はどうしても、この大政奉還というものと関連があるのではと思わざるをえないのだが、龍馬を殺したのは一体だれなのか。

こんにちでは龍馬を斬ったのは見廻組の佐々木唯三郎ら七人だというのが一応定説になっているが、維新後に龍馬暗殺に加わったと自供した元見廻組隊士の証言内容にも色々と信用できない点があって、真相はいまだ深い謎に包まれていると言うしかない。

しかし、龍馬の暗殺当時、真っ先に疑われたのが新選組だったことは間違いのない事実である。と言うのは、殺害現場には新選組隊士・原田左之助のものと鑑定された刀の鞘が落ちていたことと、新選組行き付けの料亭・瓢亭の「貸し下駄」が一つ落ちていたからである。

それに池田屋事件以来、誰かが斬られたり、何か血なまぐさい事件が起きると、ほとんど反射的に、

「手を下したのは新選組ではないか?」

と疑いの目を向けられるのが、新選組というものだったとも言える。

暗殺者の一人が龍馬に斬りつけたとき、「こなくそ」と叫んだと言われ、「こなくそ」は四国弁だったことから、四国の伊予松山出身だった原田左之助に一層疑いがかかった。

が、殺害現場に新選組関連の遺留品が二つも落ちていたのは、じつは犯行を新選組の仕業と見せかける偽装工作だったとも考えられる。刀の鞘とか料亭の「貸し下駄」というのは、あまりにも出来すぎた証拠品で、かえって作為のようなものが感じられないでもない。

しかし、このへんの真相を知りたくて、あれこれ龍馬映画を観たり、新選組映画を観たりしても、龍馬暗殺と新選組とのかかわりについて、突っ込んで描いた作品は、ほとんど見当たらない。

龍馬暗殺にはたして新選組が関わっていたのか？　否《いな》か？　これは新選組ファンならずとも大いに気になるところである

龍馬を殺したのは誰だ?

そういう意味では、ただ一つ、一九五五年（昭和三〇）の菊島隆三脚本、滝沢英輔監督による『六人の暗殺者』（日活・新国劇提携作品）という映画は、非常にショッキングな内容だった。

主人公は坂本龍馬（滝沢修）を師と慕う伊吹武四郎（島田正吾）という青年武士である。彼は龍馬が殺されたあと、復讐のため血眼になって犯人を捜し続け、新選組の近藤勇から金を貰って龍馬の暗殺に加わったという二人の浪人者を斬り捨てる。そして伊吹は近藤の行方を必死で追い続け、ついに新政府軍に捕縛された近藤と対面することができた。近藤は新政府軍の本営の納屋の柱に荒縄で縛りつけられていた。すでに近藤の処刑は決まり、きょうあすにも斬首されるという。しかし、近藤は落ち着き払った態度で、少しも悪びれるところがない。

伊吹は師の龍馬を殺した近藤の顔を憎悪の目で睨み付ける。

近藤は納屋の外の、夕陽を受けて美しく咲いている菖蒲の花を眺めて、誰に言うともなしにポツリとこう呟く。

怒り狂った伊吹武四郎（島田正吾・背）は、縛られている近藤勇（山形勲）に拳銃を突きつける。日活『六人の暗殺者』

「春だな。忘れていた……」

伊吹はその言葉を聞いてカッとなり、いきなり近藤の頬を思いっ切りひっぱたく。

「なにをする！」

「近藤ッ」

伊吹はこみ上げてくる怒りを抑えきれず、近藤の左右の頬を何度も、何度も力任せに殴り続ける。

「斬るなら斬れッ。卑劣なことをするなッ」

と近藤は一喝する。

「卑劣は貴様だ。貴様にはいくら卑劣にしてもあきたらないんだ」

と伊吹は懐から短銃を取り出して近藤に突きつける。

「刀ではこの近藤が斬れんのか、フ、フ、フ……」

と近藤は軽蔑したようにせせら笑う。

「なにィ、俺はこの短銃で。……坂本先生の短銃で貴様を射ちたいのだ」

「坂本の？」

「貴様の手にかかって非業な最期を遂げた坂本龍馬だ」

「俺は坂本など斬らん」

「黙れッ。貴様が使った浪人の口からこの耳で聞いたのだ。いまに至って見苦しいぞ！」

「ばかな。斬らんものは、斬らんと言うよりほかにない」

「現場に落ちていた鞘は、貴様の配下、原田左之助の鞘だ」

「知らん」

「その鞘を原田の鞘と鑑定した伊東甲子太郎を油小路で斬った」

「それも知らん」

「七条の居酒屋で浪人に金を与え……」

「知らんたら、知らん！　坂本を斬ったのは新選組ではない！　どこに斬る理由がある」

近藤もついに怒声を挙げる。

「なにィ」

「近藤は徳川慶喜公の臣だ。その主君に大政奉還を説き、新政府の内大臣に推薦していた坂本をなぜ斬る？　薩長の武力派を抑えて徳川を救おうとした坂本をなぜ斬る？　将軍の政権返上の英断を讃えて、われ将軍のもとに死すとも惜しまず……と言ったという坂本をなぜ斬らねばならんのだ？」

なるほど、言われてみれば、その通りである。伊吹は思わず黙り込んでしまう。

「近藤が斬りたかったのは西郷だ！　岩倉だ！　日本中を血で血を洗う戦争に巻き込んだ、やつらを斬りたかった！」

「………」

「坂本を斬ったのは薩摩だ」

「なに、薩摩？」

「坂本を斬ったと、手柄顔に新選組へ入隊を志願した二人の浪人から聞いたのだ」

「二人の浪人？」

「居酒屋で金を貰った仲間だろう。新選組の名をかたった首領格が、薩摩屋敷に入るのを見たというのだ」

「で、その二人は？」

「俺が斬り捨てた」

「嘘だ。そんなでたらめを……」

「きょうにも斬られる人間が嘘を言うと思うか！　薩摩がどんなことをしてきたかを考えて見ろ」

「…………」

「やつらは坂本が邪魔だったんだ。是が非でも武力で徳川を倒そうとしたやつらには、坂本の運動は目障りになったんだ。政権返上があった十月十四日、その同じ十四日に倒幕の密勅が岩倉から西郷に渡された。こんな矛盾したことがどこの国にある？　この一事だけでも、奴らのやり方が分かるはずだ」

「…………」

「坂本を倒してからやつらは何をした？　十二月九日に兵力を持って朝廷を占拠し、王政復古を宣言。誠意をもって政権を返上した将軍家に対して、逆賊の汚名を着せるばかりか、全領地返還という極刑を与えた。それればかりではない。江戸、関東一帯に御用盗と称する盗賊を放ち、人心を攪乱した。罪もない町人の財を奪い、家を焼く。これが奴らのやり方だ。天下取りの目的のためには手段を選ばない。坂本を斬るぐらいは屁とも思っていないのだ」

「…………」

信じられない！　しかし、近藤が言っていることは、もしかしたら真実ではないか。もし、師の龍馬も自分も味方と信じて疑わなかった薩摩の者たちが犯人だったとしたら！　伊吹の胸に言い知れぬ怒りが込み上げてくる。

「御用盗が薩摩の仕業と知ったときの我々の怒り……。腹が煮えくり返るような怒りは、貴様ら錦切《きんぎ》れには分かるまい。鳥羽伏見に兵を進めたのは、ただその薩摩を討ちたいがためだったんだ。我々は朝廷と戦ったのではない。薩摩と戦ったのだ。たとえ賊軍の汚名は着ても、天下の正義に恥じないのだ！　さあ斬れ！　斬らんかッ、斬れないのか！」

「…………」

その言葉に、とうとういたたまれなくなった伊吹は、近藤を斬らずに、脱兎のごとく納屋を飛び出して行く。

〝近藤勇、六分間の真実〟

龍馬暗殺の真犯人は薩摩だった――。

現在では龍馬暗殺の直接犯探しもさることながら、暗殺の黒幕は、やれ西郷隆盛だ、岩倉具視だ、大久保利通だ、はては後藤象二郎だ、桂小五郎だと、かまびすしく論じ立てられ、明治の元勲はことごとく龍馬暗殺の黒幕にされてしまいかねない勢いだが、この映画の公開当時は、これは非常に衝撃的な内容だった。

じつはこの映画の近藤勇の出番はこの場面、一場面きりである。時間にして、わずか六分間――。たったそれだけの時間であるが、近藤を演じた山形勲の堂々たる演技、堂々たる風格もあって、非常に見応えのある、そして長く心に残る場面になった。この映画の主人公は言うまでもなく伊吹武四郎だが、この場面だけは完全に近藤勇が一場を圧倒していた。

薩摩の野望とそのあまりにも悪辣なやり方に対する義憤――。この場面で近藤が述べていることは、優に新選組映画一本分に相当する真実味があった。まさに〝近藤勇、六分間の真実〟とでも言いたくなるような、迫真の場面だった。

坂本龍馬は最初は武力倒幕派で、弱体化して政権担当能力を失った徳川幕府を倒して、薩長連合による強力な新政府を作らないことには外国の脅威に対抗できないと考えていた。しかし、龍馬という人は、考えがどんどん、どんどん先に進んでいってしまう。徳川幕府と薩長が戦争を始めれば、スキあらば植民地にしてやろうと、鵜《う》の目鷹の目で狙っている外国の思うつぼだ。日本が他のアジア諸国のように外国の植民地にされてしまうような事態だけは、なんとしても避けなければならない。ここは一つ、将軍の徳川慶喜が自発的に政権返上をして、平和裏に政権交代を行うのが最も望ましい。龍馬はそう考え直し、人を介して徳川慶喜を動かし、大政奉還を実現させた。

しかし、なにがなんでも徳川幕府を戦争に引きずり込んで叩き潰し、自分たちの思い通りになる新政府を作ってしまいたい薩摩にとって、龍馬は一刻も早く抹殺してしまわなくてはならない存在になった。

大政奉還を行ったとはいえ、徳川幕府は最新式の海軍を持ち、軍事的にはまだまだ薩長の優位にあり、いつ息を吹き返してくるか分からない。それに幕府自体は弱体化したとは言っても、徳川慶喜個人の政治力は決して油断がならない。事実、幕末の局面において、徳川慶喜にはこれまでにも度々、苦い思いをさせられてきた……。いっそのこと徳川慶喜も、坂本龍馬も、思い切って……。これが薩摩の思惑だった。

このことは、まさに歴史的事実とも合致しており、龍馬暗殺に関する『六人の暗殺者』の新解釈は、非常にリアリティーと説得力があった。

そう言えば、二〇〇四年のNHK大河ドラマ『新選組！』では、龍馬暗殺に関して、この『六人の暗殺者』の解釈の延長上に成立するとも言える西郷隆盛黒幕説が取られていた。

ついでながら、龍馬暗殺に関する歴史書や雑誌の特集などで、龍馬暗殺の黒幕として、いの一番に挙げられるのは、決まって薩摩の西郷隆盛である。

第三章　新選組映画の変貌

戦後の新選組映画に変化が表れたのは一九六三年（昭和三八）ごろからである。変化の原因は三つあって、一つは勧善懲悪型の時代劇が観客に飽きられて、新しいかたちの時代劇を摸索せざるを得なくなったことが上げられる。

もう一つは世相の変化である。一九六〇年（昭和三五）の安保騒動は戦後の日本の社会に大きな影響を与えたが、その影響が映画の世界にも政治的な粉飾を凝らして有形無形さまざまなかたちで表れてきた。

三つ目はテロリズムの問題である。一九六〇年の十月、浅沼稲次郎社会党委員長が右翼少年に刺殺され、翌年の一九六一年には深沢七郎の小説『風流夢譚』が皇室を侮辱しているとして右翼青年が中央公論社社長宅を襲い、家政婦を刺殺した事件が起こるなど、一九六〇年前後は右翼テロ事件が頻発し、必然的にテロリズムというものを改めて考えざるを得ない世相になってきた。

特に六三年の『新選組血風録　近藤勇』と六四年の『幕末残酷物語』の二本には、動乱期における狂気とテロリズムが濃厚に影を落としている。

近藤勇という男を信じて――市川雷蔵の『新選組始末記』

しかし、まず順に見ていく。

一九六三年（昭和三八）の一月に、大映、子母澤寛原作、星川清司脚本、三隅研次監督の『新選組始末記』という映画が封切られる。市川雷蔵の清新な魅力と三隅研次監督のシャープな映像感覚がマッチして、鮮烈な印象を残す一編である。三隈監督は最初これを「スターなしの集団劇」として作ろうとしていた。ところが、脚本を読んですっかり内容に惚れ込んだ市川雷蔵が、わざわざ京都から飛行機で東京へ飛び、「ぜひ私にやらせてください」と永田雅一社長に直訴して、急遽《きゅうきょ》、彼の主演作に決まったという、いわくつきの作品である。

『新選組始末記』は、さまざまな意味で従来の新選組映画と異なるが、最も目に付くのは、主人公が近藤勇や土方歳三ではなく、山崎蒸《すすむ》という新選組ファンはともかく、一般的にはあまり知られていない隊士を主人公にしていることだった。

剣法者として生きがいのある道を探していた青年武士・山崎蒸（市川雷蔵）は、ある日、新選組の近藤勇（城健三朗＝若山富三郎）と知り合い、

大映『新選組始末記』の、左から山崎蒸（市川雷蔵）は近藤勇（城健三朗＝若山富三郎）、土方歳三（天知茂）

「武士というやつは形じゃない。男子の心意気だ」という近藤の言葉に心を打たれて新選組に入隊しようとする。

しかし、山崎には彼を愛する志満（藤村志保）という医師志望の女性がいて、「新選組は気が狂ったように人を殺す無頼の集団」で、「あなたがそんな人殺しの群れに入るなんて……」と激しく反対する。

この映画の対立軸は、剣に生きようとする山崎の〝男の論理〟と、平和な幸せを求める志満の〝女の論理〟である。

山崎は希望に燃えて新選組に入るが、入隊早々、副長の土方歳三（天知茂）が隊内反対派の芹沢鴨（田崎潤）を闇討ちにして殺したことで、彼の新選組に対する信頼は「汚い……」「卑怯だ……」と早くも揺らぎ始める。

山崎は一時は新選組を辞めて志満と平穏な生活を送ろうとするが、ぎりぎりのところでどうしても武士を捨てることができず、彼女に書き置きを残して新選組に戻り、倒幕派の会合場所である池田屋の探索に当たる。

池田屋か、四国屋か

そしてこの映画の後半はすべて池田屋事件絡みである。

土方歳三は、古道具商・桝屋喜右衛門こと倒幕派浪士の古高俊太郎（島田竜三）を拷問にかけ、京都を火の海にする決行日の集合場所は「四国屋」であることを聞き出す。しかし、山崎蒸が探索した結果の集合場所は「池田屋」だった。

折から食中毒で新選組隊士はバタバタと倒れて、出動できるのは二十七人だけだった。「四国屋」を襲うか、「池田屋」に斬り込むか、新選組は二者択一の岐路に立たされる。土方は、「四国屋に間違いない、古高は俺が責めたんだ。あの血みどろの告白に、偽りはないよ」と言い、なおも山崎がもたらした情報に執着する近藤に対して、こう言う。「命欲しさにのたうった古高の言葉のほうに真実があると思いませんか」

「俺は……山崎を信じたい」

近藤は呻くように言い、結局、土方に二十人を預けて四国屋に向かわせ、自分は沖田総司（松本錦四郎）ほか五人だけを率いて池田屋に向かう。

結果は誰でも知っている通り、四国屋はもぬけの殻で、浪士たちはことごとく池田屋に参集して

志満（藤村志保）と山崎蒸（市川雷蔵）

いて、山崎の情報を信じた近藤が正しかったという結論になる。

　もう一つ。この映画では池田屋事件における会津藩の遅参について面白い仮説を提起している。時間は前後するが、新選組が四国屋と池田屋に斬り込むために会津藩の援軍を「いまや遅し」と待ちわびていたときのことである。

「まだ来んか、会津の兵は……もう約束を一刻以上も過ぎている」

とじりじりする近藤に対して、土方は、

「来ないかもしれんよ」

と冷たく突き放し、怪訝な顔をする近藤にこう言う。

「まあ、聞きたまえ。近頃、新選組は膨れ上がって少々重荷になってきている。この事件で潰れ

山崎蒸（市川雷蔵）㊧が潜入している池田屋へ近藤勇（城健三朗＝若山富三郎）が斬り込んで来る

ればそれもよい。長州の陰謀派が潰れるなら、儲けもの……まア、そんな計算だろうよ」

これはちょっと面白い解釈だった。池田屋の乱闘の後で、遅れてきた会津藩兵の隊長が馬上から祝いの言葉を申し述べると、近藤は、

「では、我れらが全員斬り死にしていたら？……」

と言いかけて、怒りを抑え、

「いや、これで新選組は万々歳である、と会津侯にお伝えください」

と皮肉たっぷりに言って引き揚げていく。

山崎は群衆の中に志満の姿を認めるが、視線を逸らしてそのまま通り過ぎていく。志満はそのあとをしばらく追いかけてい

くが、山崎はもう振り返らない。やがて志満も立ち止まり、意を決したように山崎とは反対の方向に向かって歩き始める。

剣に生きようとする山崎の〝男の論理〟と、平和な幸せを求める志満の〝女の論理〟。そして人を斬る侍の道と、人の命を救う医術の道――。永遠に相交わることのない二つの道の断絶を描いて、映画は終わる。

『新選組始末記』の脚本を書いた星川清司と主演の市川雷蔵は、この映画がきっかけで急速に親しくなり、互の「不幸」や「恥」についても、なんのためらいもなく語り合えるような親友同士になった。そして、この映画からわずか五年の間に、星川清司脚本、市川雷蔵主演の映画を、『眠狂四郎』シリーズをはじめ、十四本も作るという、またとない名コンビとなった。そういう意味では、市川雷蔵と星川清司にとって『新選組始末記』という映画は、まさに二人の人生を大きく変えた運命の出会いだったのである。

しかし、市川雷蔵と星川清司のコンビは、じつはこのたった五年きりで、六年目はなかった。と言うのは、六年目の一九六九年には、不世出の時代劇スター市川雷蔵は三十七歳の若さで急死してしまったからである。

〝静〟の千恵蔵か、〝動〟の右太衛門か――『新選組血風録　近藤勇』

この『新選組始末記』から四か月後の五月に、東映、司馬遼太郎原作、笠原和夫・加藤泰脚本、小沢茂弘監督『新選組血風録　近藤勇』という映画が封切られる。

司馬遼太郎の『新選組血風録』が映画化されるのは、これが初めてだったが、原作とは似ても似つかぬ内容で、司馬遼太郎はたいそう不快であった、と何かで読んだ記憶がある。原作の『新選組血風録』は十五編から成る連作小説集なのだが、映画はその中から最初の一編「油小路の決闘」だけを取って、あとは全部捨て、勝手なストーリーを展開しているのも、司馬遼太郎は大いに気に入らなかった。しかも、司馬のもう一つの新選組小説『燃えよ剣』では素晴らしいヒーローとして描かれている土方歳三を、この『新選組血風録　近藤勇』では、加藤武という見るからに品のないガサツな感じの俳優に演じさせているのを観て、彼は激怒したという。

この映画で近藤勇を演じたのは、片岡千恵蔵と並ぶ東映のもう一人の〝御大〟市川右太衛門である。千恵蔵が三本続けて近藤勇を演じたあとの、右太衛門の近藤勇であり、当然、対抗心が湧く。千恵蔵の近藤は冷静沈着な風格が身上だったが、これに対して右太衛門が演じたのは、激情的で熱血漢の近藤だった。

この映画は、いきなり池田屋斬り込みから始まる。千恵蔵の池田屋での殺陣は鬼気迫るものではあったが、動きはスローで、どちらかと言えば斬ったあとの残心、つまり決めのポーズで見せる殺陣だった。これに対して右太衛門はスピーディでダイナミックな殺陣で対抗した。

〝静的な〟千恵蔵の近藤か、〝動的な〟右太衛門の近藤か、である。

東映『新選組血風録　近藤勇』の近藤勇（市川右太衛門）と土方歳三（加藤武）

こんな場面がある。池田屋事件と蛤御門の変の後、近藤は京都の倒幕派を抑え込むため、ぜひとも将軍・徳川家茂（沢村精四郎）の上洛を仰ごうと、江戸へ駕籠を走らせる。そして、

「百姓上がりの一介の浪人が上様にお目通りを願うなど、もってのほか！」

と軽侮の念もあらわに反対する老中たちを押し切って、近藤は家茂に拝謁する。ところが、近藤は庭先から玉座の家茂を一目見た途端、愕然としてしまう。いま玉座から弱々しく近藤を見下ろしている男は、その身はやせ細って、頬はこけ、まさに病身そのもの。正座しているのがやっとというような窶《やつ》れようである。

「………」

激情家の近藤は、あまりのことに絶句して、ついに一言も言葉を発することあたわず、ただただ涙を拭って平伏するばかりだった。そして近藤は

自分の力の及ぶ限り、京都の倒幕派の奴ばらと戦おうと決意する。こうした演技は熱血漢・右太衛門の独擅場で、心を揺さぶられるものがあった。

京女に魅かれて

この映画の主人公は一応、近藤勇ということになっているが、実際は新規入隊の隊士・篠原泰之進(木村功)との二人主人公と言ったほうがよい。

江戸で気ままな浪人暮らしをしていた篠原泰之進は、親しい友人の伊東甲子太郎(安部徹)から、今度、同志を率いて新選組に参加することに決めたので、「君も一緒に来てくれ」と頼まれる。

篠原は、

「酒と女以外には興味がない」

と言下に断るが、

「君も十分なお扶持《ふち》を貰って京都の酒と女を楽しむ気にはならないか?」

と言われて、女好きな彼は、

「京都の女か……」

と、ついその気になる。

つまり、篠原は新選組をやがては倒幕派に変えてやるという目算を持って入隊した野心家の伊東とは全く違って、尊王だの攘夷だのといったことには関心がなく、京都の女見たさに新選組について来たようなそんな男であり、まあ、現代人としては十分に共感できるタイプの人間である。

近藤勇と篠原はただ単に隊長と隊士という関係を超えて、互に人間的な好意を持ち合うようになっていた。しかし、篠原は脱走した穏健派の総長・山南敬助(佐藤慶)を、近藤が容赦なく切腹させてしまったことで、

「同じ釜の飯を喰った仲間でも平気で殺してしまうのか」

と激しく非難し、近藤は近藤で、

「女欲しさに京都に来たような男に何ができる」

と言わんばかりに篠原の享楽的な生き方を言葉厳しく批判する。

そして近藤派の土方歳三が新選組を脱退した伊東一派を油小路で惨殺したことで、近藤と篠原の対立はついに決定的となる。それがラストの天満屋の決闘である。篠原は伊東だけでなく、伊東に加担した隊士まで殺してしまった近藤を「許せん」と単身、天満屋に乗り込んで来る。

「あんたのような冷酷無道な人間は一刻も生かしておくわけにはいかんのだ」

「無道?」

「無道のほかに何と呼ぶ!」

しかし、篠原と近藤が激しく言い合いをしている間に、海援隊の陸奥陽之助(青木義朗)たちが、近藤を斬るため天満屋に踏み込んで来る。このとき篠原は咄嗟《とっさ》にというか、弾みでというか、無意

識的に近藤を守って味方であるはずの海援隊の者を斬り捨ててしまう。

これは篠原自身も「あっ」と驚く自分の行動だった。俺はなんということをしてしまったのだろう？　と。

そこへ土方歳三以下の新選組も乗り込んできて海援隊の面々と大乱戦になる。

凄まじい激闘の後、斬り合いが新選組の勝利に終わった後、近藤は「二階にはもう誰もない」と部下の隊士たちを押しとどめて、篠原を見逃してやる。

これが、さんざん対立しあった篠原への近藤のせめてもの、はなむけだった。

ラストシーンはしんしんと降りしきる雪の天満橋を引き揚げて来る近藤勇以下の新選組の雄姿である。言うまでもなく新選組は全員、赤穂浪士もどきのだんだら模様の羽織を着ているのだから、これはもう完全に赤穂浪士の引き揚げの図そっくりの場面と言って差し支えない。

元々、新選組のあのだんだら羽織というものは、赤穂浪士への憧れ以外のなにものでもないのだから……。

忠臣蔵は時代劇の至るところに、その影響を残している。

『新選組血風録　近藤勇』の脚本家と監督は明らかに新選組に批判の目を向ける篠原泰之進に共感して、その行動を肯定的に描こうとしているが、一方では大スターである市川右太衛門が演じる主人公の近藤勇も立てなければならず、映画としてはどっちつかずの中途半端な結果に終わってしまっている。

しかし、これが結局、翌年の新選組徹底批判映画『幕末残酷物語』につながったという意味では、過渡的な作品として評価してよいのではないか。

すべての新選組映画に対する全否定——『幕末残酷物語』

『新選組血風録　近藤勇』の共同脚本家として笠原和夫と共に名を連ねている加藤泰が自ら監督した新選組映画『幕末残酷物語』は、『新選組血風録　近藤勇』から数えて一年と十一か月後の一九六四年(昭和三九)十二月に封切られた。じつは『新選組血風録　近藤勇』の脚本を書くとき、笠原和夫と加藤泰は意見が対立して喧嘩別れになったと笠原自身が後に自著『昭和の劇　映画脚本家笠原和夫』(太田出版)で語っている。

つまり、加藤は「新選組は時代の犠牲者だ」と主張し、笠原は「新選組は出世主義だ」と主張して双方とも譲らなかったが、監督もプロデューサーも笠原の意見に賛成したので加藤は敗北し、脚本はほとんど自分一人で書いたと笠原は述べている。もし、その通りだったとすれば、加藤にとって『新選組血風録　近藤勇』は脚本に名を連ねてはいるものの、甚だ不本意な作品であり、できれば脳裏から消し去ってしまいたい作品だったのかもしれない。

しかし、ここが不思議なところだが、『新選組血風録　近藤勇』が脚本の笠原和夫の主張どおり必ずしも「出世主義者」新選組を描いたものではなかったように、『幕末残酷物語』もまた、決して監督の加藤泰の主張どおり「時代の犠牲者」新選組を描いた作品ではなかった。もしかしたら、『新選組血風録　近藤勇』から『幕末残酷物語』に至る一年と十一か月の間に加藤泰監督自身に大きな心境の変化があったのかもしれない。

『幕末残酷物語』は、いきなり池田屋の引き揚げ場面から始まる。じつは『新選組血風録　近藤勇』もいきなり池田屋事件から始まる作品であったが、池田屋における乱闘の場面はたっぷりと描かれていた。しかし、『幕末残酷物語』は池田屋における乱闘場面はすべてカットし、映画が始まると、いきなり顔じゅうに返り血を浴びた近藤勇（中村竹弥）のアップが映り、池田屋襲撃を終えた全員血まみれの新選組隊士たちが池田屋の前に整列して「引き揚げ」の号令を待っている。そして、その顔は誰も彼も、そう土方歳三（西村晃）も、沖田総司（河原崎長一郎）も、みな血走ったテロリストの顔である。このシーンを見ただけで、この映画に対する加藤泰

東映『幕末残酷物語』の江波三郎（大川橋蔵）と、さと（藤純子、現富司純子）

監督の野心的な意図がはっきりと伝わってくる。

結論から先に言うと、『幕末残酷物語』の意図は、これまでの新選組映画に対する全否定であり、前年の加藤泰自身も関係した『新選組血風録　近藤勇』に対する全否定でもある。

『幕末残酷物語』は、新入隊士・江波三郎(大川橋蔵)の目に映った新選組である。

血を噴いて絶命する者が続出する入隊試験の剣術試合。

疑わしい者は皆殺しにするスパイのあぶり出し。

そして隊規違反の名のもとに行われる過酷な切腹や斬首刑——。

これでもかこれでもかと描き出される暴力シーンや陰湿な内部抗争は、まるで旧日本軍の内務班における私的制裁や、戦前戦中の特高警察の残虐行為を連想させる。

こわごわ新選組に入隊した江波が、初めて隊規違反者の切腹の介錯を命じられたときは、青くなってぶざまに失敗する。しかし、ほどなく江波は幹部の信頼を得るため、自分から切腹者の介錯を買って出るなど、純真な青年だった彼も知らず知らずのうちに新選組の冷酷非情さに染まっていく。

そうした江波をいつも心配そうに見つめているのは、彼と恋仲になった下働きのさと(藤純子、後の富司純子)である。残酷一色のこの映画の中で唯一、心がやわらぐのは、この江波とさととの淡い恋のエピソードだけである。

異彩を放つ山南敬助の脱隊場面

そうした意味では、この映画は過去のどの新選組映画とも似ていない。中でも異色なのは、穏健派の副長・山南敬助(大友柳太朗)の描き方であり、その斬殺場面である。普通、山南敬助については、どの映画でも新選組に嫌気がさして脱走はしたものの、隊に連れ戻されて切腹させられてしまった、といった描き方をされるのが通例だが、この映画の山南敬助は全く違う。

それに山南はどうしてもひ弱なインテリとして描かれることが多いが、この映画では堂々と自己を主張する、肝の座った立派な人物として描かれる。

近藤と土方の武闘主義と厳罰主義に一貫して反対してきた山南はついに、

「いまの新選組は単なる殺戮団だ。もはや人間というものではない」

と批判して決然と「脱隊」を宣言する。近藤は隊規に照らして山南に切腹を申し渡そうとするが、山南はビシリとその先手を打って、こう近藤をやり込める。

「お断りする。そうした詮議で遮二無二、人を律しようとする考えにも私は付いていけないのだ。そのためにも、私は出ていくのだ。お断りする」

「なにィ!」

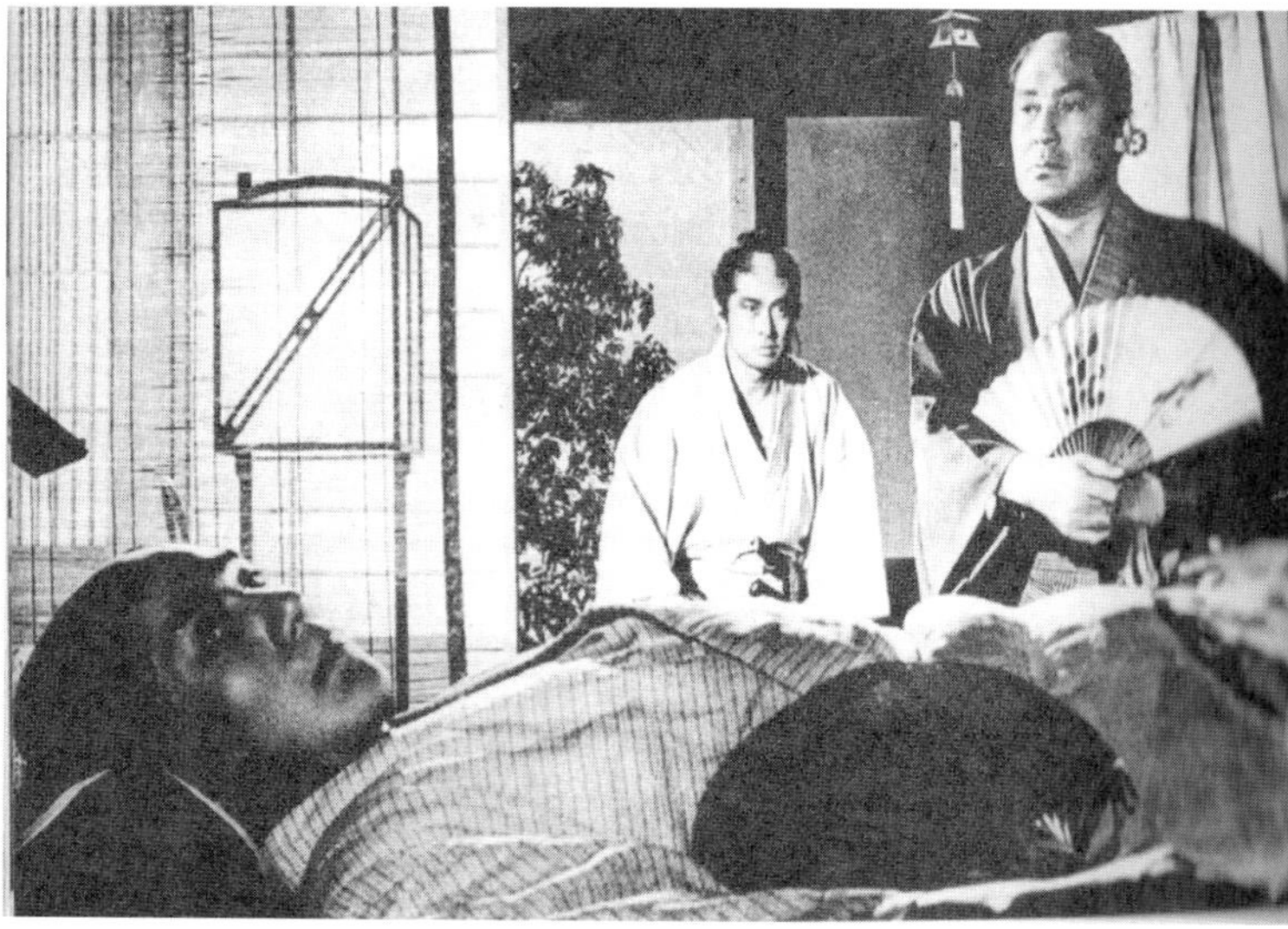

堂々とした山南敬助を演じた大友柳太朗。中央は大川橋蔵、手前は河原崎長一郎

土方歳三をはじめとした隊士たちが、気色ばんで山南を斬ろうしたとき、沖田総司は必死に山南を引き留める。

「山南さん、無茶だ。逃げられはしない。もう一度考え直してください。頼むからもう一度……」

沖田の声はほとんど哀願である。

「沖田、斬れ」

近藤の怒声が響く。

「近藤さん……」

「俺の命令だ。斬れ！」

「近藤さん……」

「斬れ。俺が斬れというのが分からんのか」

しかし、沖田は山南を斬ることなど到底できない。結局、山南は他の隊士たちにめった斬りにされて絶命するのだが、このシーンは非常にむごたらしく、かつ執拗である。加藤監督は山南の斬殺をことさらむごたらしく描くことによって新選組に対する批判をいや増しに強めようとする。

しかも、山南の斬殺シーンはそれだけでは終わらない。

山南の毅然たる行動に勇を鼓舞されたのか、インテリの川品隆介(木村功)という隊士が、

「もう嫌だ！」

と反抗の声を挙げる。

「こんなところで死ねるか。俺は脱隊する。俺はもう一人の子供の親なのだ。こんなところで死んでたまるか。なあ、そうだろう、みんな。さあ、出るんだ。こんなところから出て行くんだ」

「そうだ」

とまず一人の隊士が川品の呼びかけに応じ、さらに何人かの隊士がぞろぞろと彼に同調しかける。

すると土方はいきなり川品をバッサリと斬り捨て、それから動揺する隊士たちをハッタと睨み付けて、こう凄む。

「局を脱する者は斬る！」

配役にはすべて意味がある

じつはこの冷酷非情な土方歳三役を西村晃が演じているのには訳がある。写真で見ても清潔そう

な二枚目の土方歳三役に、見るからに下品で狡猾そうな感じの西村晃はどう見ても不似合いである。にもかかわらず加藤監督がこの役を西村晃に振ったのは、彼が『真空地帯』や『陸軍残虐物語』など、いわゆる新兵をいたぶる旧日本軍の残忍な下士官役を得意とした俳優だったからである。加藤監督は明らかにこの映画の土方歳三と旧日本軍の下士官をダブル・イメージで捉えている。いや、新選組そのものを旧日本軍とのアナロジーで捉えていると言って決して過言でない。

まだある。近藤勇役を中村竹弥に配役したのにも、じつは意味がある。というのは、中村竹弥はこの映画の三年前に、テレビ初の新選組連続ドラマ『新選組始末記』(一九六一年KRテレビ＝現TBS)で主人公の近藤勇を演じているからである。その『新選組始末記』では、言うまでもなく近藤勇は幕末のヒーローであり、まさに大衆の偶像的存在だった。その中村竹弥に、悪鬼のような形相をした暗殺団の頭目を演じさせることによって、近藤勇の偶像破壊を行うこと。これこそ、この映画における加藤監督の狙いだった。

もう一人。山南敬助に次いで、脱隊しようとして斬殺される川品隆介役に木村功を配役したのも、じつはかなり意図的なものがある。それはこの映画の加藤監督自身が共同脚本家として名を連ねている前年の『新選組血風録　近藤勇』では、木村功は近藤勇と対立して脱隊する良心的な隊士・篠原泰之進を演じているからである。

そして篠原泰之進は新選組を脱隊していながら、辛うじて生命を全うすることができたが、この『幕末残酷物語』の川品隆介は無残に殺されてしまう。つまり前作『新選組血風録　近藤勇』では奇しくも生き永らえた篠原役の木村功を、『幕末残酷物語』では無残に殺すことによって、加藤監督は映画の主題を鮮明にしようとしたのである。

沖田総司の苦悶

『幕末残酷物語』の主人公は言うまでもなく、新入隊士の江波三郎であるが、もう一人、重要な人物がいる。それは江波が配属された一番隊組長の沖田総司である。

この映画の沖田総司は、純粋な青年である側面と冷酷な人斬りである側面の両面を持った人間として描かれているが、彼はいつも自分の中の純粋な青年である部分を無理やり押し殺して生きてきた。

沖田は心の中では山南敬助を尊敬し、慕ってもいるため、近藤や土方に山南を斬れと命じられても、彼を斬ることは出来ない。しかし、刀にかけても彼の命を守るというところまではいかない。「沖田！　どうする？」と近藤に一喝されると口をつぐんでうなだれてしまう。それが沖田総司の限界である。

沖田は自分の隊に配属された江波と、組長と隊士という垣根を越えた人間的な感情が生まれても、すぐ、それを押し殺してしまう。組長と隊士が任務以外の人間的な交流を持つことは禁物だからである。近藤や土方に斬れと言われれば、きのうまでの仲間でも冷然と斬らなければならない。それ

江波三郎（大川橋蔵）は狭い路地に追い詰められて

が新選組だと思っているからである。

　しかし、そうした沖田に大きな試練のときがやってくる。自分の隊の江波が、じつは新選組の草創期に近藤や土方によって惨殺された初代局長・芹沢鴨の甥で、新選組に対して復讐の意志を抱いて入隊してきたことが判明したからである。正体が露見した江波は、大勢の新選組隊士を相手に死にもの狂いの戦いを続け、土方にまで傷を負わせ、新選組の塀と納屋に挟まれた狭い路地に逃げ込む。すると、その先には、新選組随一の使い手である沖田総司が立ち塞がっている。追いかけて来た土方が叫ぶ。

「沖田、斬れ！」

「………」

沖田は無表情でそこに黙って立ち尽くしている。

「沖田さん、あんたまでが……」

「局長が斬れと言うから斬るんだ」

「嘘だ。あんたは分かっている。分かっていながら踊らされている。山南さんのように出ていくこともできず、人情に絡まれて……。だが、この世で一番下らん……」

と江波が言いかけたとき、沖田の大刀が鞘走り、その刃は江波の喉を深々と刺し貫く。沖田の必殺わざ、突きである。

このシーンはちょっと黒澤明監督の『蜘蛛巣城』を想起させる。家臣が放った矢が三船敏郎演じる城主の喉を射貫くあのシーンである——。いずれにしても時代劇の主人公が、こともあろうに刀で喉を刺し貫かれるなどという場面は、私は他に観たことがない。

そして江波の喉を刺し貫いた沖田には、もう冷酷な人斬りの表情しか残っていない。沖田は結局、新選組という組織の中の一つの歯車として生きるしかない人間だったのだ、というのがこの映画の結論である。

〝もう一人の自分〟を斬る

しかし、沖田総司が斬った江波三郎は、じつは〝もう一人の自分〟だったとも言える。沖田にとって江波を斬ることは、自分の中に芽生えかけた新選組への疑問を、無理やり斬り捨てることでもあった。

そういう意味では、江波を斬ることは沖田にとって、我が身を斬るも同然の行為であったと言え

江波三郎（大川橋蔵）と沖田総司（河原崎長一郎）

る。その証拠に、沖田は江波を斬ったあと、魂のぬけた脱け殻のようになって奥座敷に戻り、床の間に麗々しく掲げられていた掛け軸をバッサリと斬る。その掛け軸は、じつは新選組が池田屋に斬り込んで倒幕派の浪士たちを壊滅させたときに、朝廷から下し置かれた感謝状を表装したものであった。つまり、その感謝状は新選組の名誉であり、隊の存在意義でもあった。

だから、その感謝状を斬るということは、沖田にとって近藤や土方に対しては正面切っては行えない反抗の代理行為だったとも言える。しかも、その感謝状の発行元は、幕府ではなく、神格的な権威の象徴である朝廷なのだから、沖田はこのとき、朝廷に対する最大の不敬行為を行ったことにもなる。

沖田は感謝状を斬るとき、

「くそ！」

と吐き捨てるように叫ぶ。この言葉こそ沖田の胸の中でくすぶっていた形にならない憤懣であった。沖田は確かに江波を斬った。もしかしたら沖田にとって最も心を許せる知己となったかもしれない江波を無残に斬って捨てた。しかし、それは沖田の頭の上にのしかかっている正体の知れない巨大な何かが、彼にそうさせたと言える。沖田の「くそ！」という叫びは、自分にそうした非情な行為を強いる得体の知れない大きなものに対するぎりぎりの反発であり、怒りであった。

このあと新選組は、鳥羽伏見の戦いに出陣していくのだが、隊列から遥かに離れて一人、隊のあとを追う沖田の姿はすでに幽鬼のように虚ろである。もちろん鳥羽伏見の戦いが、幕軍にとって惨憺たる負け戦であり、このときを境に新選組が壊滅の一途をたどっていくことは誰でも知る通りである。

このようにこの映画のラストは主人公である江波ではなく、もう一人の主人公と言ってよい沖田に視線が注がれているのだが、その意図はおおよそこれまで述べてきたことに尽きる。

『幕末残酷物語』は最もエキサイティングな新選組映画であり、その徹底した新選組批判は、戦前の木村荘十二監督『新選組』や、萩原両監督『その前夜』の精神に続くものである。

このあと一九六六年に松竹、市村泰一監督『土方歳三　燃えよ剣』が封切られるが、これは同じ栗塚旭の連続テレビドラマ『燃えよ剣』(一九七〇年、全二十六回)と関連があるので、次の「第四章　新時代の到来~テレビにおける新選組ドラマ~」で触れることとする。

近藤勇の首がコロリ――三船敏郎の『新選組』

一九六三年『新選組始末記』『新選組血風録　近藤勇』、一九六四年『幕末残酷物語』と変則の新

選組映画が三本続いたあとで、一九六六年の『土方歳三　燃えよ剣』を挟んで、一九六九年に三船敏郎の三船プロが放った大作映画『新選組』が登場するが、これは従来通りのオーソドックスな新選組映画の定石に立ち戻った内容だった。

一九六九年と言うと、戦後時代劇の代表的な剣豪スターだった東映の片岡千恵蔵と市川右太衛門、大映の長谷川一夫、そしてかつての新東宝の嵐寛寿郎はすでに第一線を退き、東宝の三船敏郎が名実ともに剣豪スターの第一人者だった頃である。三船敏郎はそれまでに荒木又右衛門、宮本武蔵、国定忠治といった時代劇のヒーローを演じてきたが、残念ながら大石内蔵助と近藤勇はやったことがなかった。しかし、大石内蔵助役はあらゆる意味で時代劇スターの最終目標であり、もう一つの近藤勇役は、剣豪役者の必須条件と言ってよい。じじつ、戦前戦後を通じて、大河内伝次郎も、阪東妻三郎も、片岡千恵蔵も、市川右太衛門も、そして松本幸四郎(初代白鸚)も、みなこの二つの役をこなして一社を代表する時代劇スターの地位を確立した。

三船プロ『新選組』の近藤勇（三船敏郎）

宮本武蔵と荒木又右衛門と近藤勇——。さしずめ、この三人は時代劇の〝三大剣豪〟と言ってよい。

そのうち宮本武蔵と荒木又右衛門は演じたことがあるが、近藤勇はまだやったことがないというのは、剣豪スター三船にとって歯噛みするような痛恨事だった。

会社がやらせてくれないなら自前で——。三船はこの二つの役を自前のプロダクションで演じることに決め、一九六九年に映画『新選組』を製作して念願の近藤勇を演じ、その二年後の一九七一年には自らのプロダクションとNET(現在のテレビ朝日)の製作で長大な連続テレビドラマ『大忠臣蔵』を作って大石内蔵助を演じ、時代劇スターとしての長年の宿願を果たしている。

『新選組』の三船敏郎の近藤勇は、例によってあまりにも力み過ぎているのがちょっと気になるが、百姓出身の武骨な武士というイメージにはぴったりだった。戦後、近藤勇を三度も演じた片岡千恵蔵はどっしりと落ち着いた剣豪の風格はあるものの、あまりにも立派過ぎて百姓出身というイメージにはほど遠い。と言って市川右太衛門は熱血漢過ぎてややせわしなく、松本幸四郎は温厚でやや分別臭く、浮浪の浪士団を率いる近藤勇のイメージにはいま一つ似つかわしくない。結局、幕末という激動の時代を生きる無敵の剣豪という意味では、三船敏郎あたりがまさに適役である所以《ゆえん》である。

『新選組』の池田屋斬り込みの場面では、三船敏郎は文字通り無敵の剣豪ぶりを発揮して、群がる倒幕派の浪士たちをバッタバッタと斬り倒し、エネルギッシュで豪快そのものの立ち回りを披露した。

しかし、私が注目したのは、敗軍の将となった近藤が斬首されるとき、背後で太刀を振りかぶっ

斬首の場に臨む近藤勇（三船敏郎）。この後、近藤の首が落ちる。右は中村錦之助（後の萬屋錦之介）

た介錯人のために、

「このほうが斬り易いでしょう」

と後ろに垂れ下がった髷《まげ》を片手でさりげなくたくし上げて、

「どうぞ」

と首を前に突き出す淡々とした演技であった。そして介錯人がサッと刀を振り下ろすと近藤の首がコロリと落ち、その瞬間画面が真っ赤になって「終」となる。まさに観客の度肝を抜く、ショッキングなラストシーンであった。新選組映画多しといえども近藤勇の首が実際に落ちる映画は、この三船敏郎の『新選組』ぐらいのものではないだろうか。

〈悩める芹沢鴨〉を三国連太郎が好演

もう一つ。それまでの新選組映画にない特色は、芹沢鴨の描き方である。普通、芹沢鴨は傍若無人な乱暴者、淫虐無道な悪人として描かれるのが通例である。この映画でも芹沢は、借金の取り立てに来た呉服屋のお内儀を手込めにしたり、路上でいきなり人を撫で斬りにしたりする悪行無頼の徒であることには変わりがない。が、近藤のことを「コンさん」などと呼んでしなだれかかる、ひとなつっこい好人物の一面もあり、自分の酒乱、酒癖を恥じて悩んでいる人間として描いているのが、非常に新鮮だった。

「あんたは酒さえ飲まなければ立派な侍だ。どうか酒をやめてください」

と近藤に諫められて、大男の芹沢が子供のように泣きべそをかいたり、大酒高言して、乱暴狼藉の限りを尽くしたあとで情婦の胸に顔をうずめて泣きじゃくるような場面もあった。

しかし、芹沢は一種の二重人格で、近藤に諫められて一瞬しゅんとなったり、謝ったりもするが、酒が入るとまた元の手の付けられない乱暴者に豹変して、近藤に対しても横柄な口をきき、どこまでも自分の横暴を通そうとする。このへんの芹沢の複雑極まる人格を三国連太郎がこの上なく巧みに演じて絶品だった。

そのほかでは、「剣術はからきし駄目だが、算盤は誰にも負けない」という勘定方の河合耆三郎を演じた中村賀津雄の好演が目立った。彼は大坂の商人の息子で侍になりたくて新選組に入隊するが、五十両の金を紛失して、むりやり切腹させられる。突然、切腹の座に立たされた驚きと困惑。そして、死んでいく人間の惨めさ、情けなさ……。こういった命惜しさのあがきを中村賀津雄は、なかなかうまく演じていた。

この『新選組』は、新選組の結成から近藤勇の斬首までを描くという点で、戦前の新選組映画の傑作である伊藤大輔監督『興亡新選組』を、かなり意識して作られている。が、前半の近藤勇と芹沢鴨の対立抗争はある程度描かれているものの、後半の伊東甲子太郎(田村高広)の新選組からの分離、独立活動の描き方が、どうもいま一つ不足なような気がする。極端に言うと、伊東は入隊したかと思うと、もう新選組を脱隊して出て行ってしまう。彼の入隊と脱退の動機やいきさつが、ドラマとしていま一つ納得がいくように捉えられていなかった。

戦後唯一の沖田総司映画——草刈正雄の『沖田総司』

一九七四年に久々の新選組映画『沖田総司』(東宝、出目昌伸監督)が封切られた。これは当時の出版界に起こった沖田総司ブームに便乗した、非常にタイムリーな企画であった。沖田総司を主役にした新選組映画は、戦前には月形龍之介主演の『剣士沖田総司』(一九二九年)があるが、じつは戦後はこの『沖田総司』一本きりしかない。これは七〇年代あたりから現在に至るまでずっと続い

東宝『沖田総司』。土方歳三（高橋幸治）、沖田総司（草刈正雄）、近藤勇（米倉斉加年）

ているといってもよい新選組ブーム、沖田総司ブームを考えると大変、不思議なことである。この映画は沖田総司役の草刈正雄と土方歳三役の高橋幸治を除けば、近藤勇（米倉斉加年）、永倉新八（西田敏行）、山南敬助（河原崎次郎）といったキャスティングが示すように、新選組をどろ臭い浮浪の集団、食い詰め浪人の集団として描いた現代劇調の時代劇と言ったらよいか、当時はやりのニュー・アメリカン・シネマ風のタッチで、天才剣士・沖田総司の〝剣と恋と死〟を描いた青春編である。

ちょっと見には、草刈正雄はあまりにスマートで現代的すぎて、殺気漂う幕末の人斬り役は全然似合わないように思えるのだが、やってみるとこれが意外な適役で、特に女性ファンの人気を集めた。草刈はこのときの好演により、三年後のＴＢＳの連続ドラマ『新選組始末記』で再度、沖田総司役を務め、この役は彼の一種の当たり役となった。

この映画で私が目を見張ったのは、土方歳三が倒幕派の浪士・古高俊太郎を拷問にかけたときのことである。別に拷問の凄まじさに目を見張ったのではない。他の映画では観たこともないシーンがあったからである。

土方はまず古高の口に焼き火箸《ひばし》をくわえさせる。これはさすがにショックだったが、ここで言いたいのはそのことではない。土方はさらに古高を逆さに吊るして、足の裏にくぎを打ち付け、そのくぎに蝋燭を立て、溶けた蠟が傷にたらたらと沁み込んでいく。

すると、それまで土方の拷問の手伝いをしていた隊士が突然、嘔吐して、「わあー！」と凄まじい悲鳴を上げて逃げ出しいく。そして、とうとう拷問をしている当の土方自身も盛大に吐いてしまう。ところが、土方は自分自身が吐いていながら、その口をゆすぎ終わると、また何事もなかったような平気な顔で拷問を続けるのである。これには驚いた。こんな土方の拷問シーンは初めて見た。

このあとすぐ池田屋の乱闘シーンになるのだが、祇園祭のお囃子を背に受けて新選組が池田屋の前に押し寄せてくるシーンとか、潜り戸から池田屋の中にずいと足を踏み入れた近藤が、抜き打ちに階上の倒幕派浪士を斬り捨てるシーンとか、いわゆる池田屋の定番シーンは一切なしである。斬り込んだ新選組と迎え撃つ倒幕派の浪士たちは、暗がりの中で互にじっと息をひそめて睨み合い、時折、闇の中で刃と刃が打ち合って火花を散らす。白い障子に止まった一羽の蛾が羽根をばたばたさせていたり、打ち落とされた倒幕派浪士の生首がゴトンゴトンと階段を転げ落ちてきたりする。

こんなショットが続く一風変わった池田屋事件の描き方だった。

ただ、沖田総司の爽やかな青春編と、こういった拷問シーンや残酷描写がアンバランスで、作品としてはいま一つまとまりを欠くような気もする。まあ、このへんが、沖田総司の青春と新選組興亡史を描く映画のジレンマなのかもしれない。

あと、山南敬助の脱走事件について、ちょっと面白いやり取りがあったので、それを記しておく。土方から山南の追跡を命じられた沖田は馬を駆って追いかけるが、その途中で咳き込んでしまい、落馬して昏倒する。それを助けて介抱したのが、当の追われている身の山南だった。いくらか回復して布団から起きてきた沖田を見ると山南は、

沖田総司役の草刈正雄

「どうだ、少しは眠れたか。まあ、ここへきて飲め」

と盃を勧め、いきなり、こんなことを言う。

「総司、俺と一緒に逃げねえか」

これは冗談交じりとも取れるが、必ずしも冗談とばかりは思えない。結構、本気だったのではないか。

「そのときは、なんでもてめえの思い通りになると思っている土方の青くなる顔が見てえ」

やっぱり山南は本気だ。

「なら私を斬ればよかった。いや、いまでも斬れますよ」

「いや、血を見るのはもうたくさんだ」

「江戸へ行って何をするつもりだったんです?」

「隊を出るまではあれもしよう、これもしようと考えていた。いざ、脱走してみると何もしてえことがないことに気が付いた。なんとしても新選組と縁が切りてえ。ただそれだけのことだ……」

こんなやりとりは、他の新選組映画にはないものだった。特に山南の「俺と一緒に逃げねえか」という台詞は、突拍子もないことは突拍子もないが、追い詰められた人間のなんとも言えない切実さも感じられて、印象に残った。

ここまでが戦後時代劇の衰退期における新選組映画である。この『沖田総司』を最後に新選組映画はパッタリと後を絶ってしまった。そして、一九九九年に大島渚監督の新選組映画『御法度』が登場するまでには、じつに二十五年間もの年月を要したのである。

と言っても、この二十五年間、新選組ブームが途絶えたのかというと、決してそうではなく、出版界をはじめ、テレビの新選組ドラマなど、映画以外の世界では依然として賑やかな新選組ブームが続いていたのである。なぜ、映画の世界にだけに二十五年間、つまり四半世紀もの空白が訪れたのか、と言うと、どうしても六〇年代には始まり、七〇年代以降、深刻化の一途をたどった時代劇映画の不振を、その第一の原因として挙げなくてはならない。

第二部　土方歳三の時代

第四章　新時代の到来　～テレビにおける新選組ドラマ～

前章では一九七四年の出目昌伸監督、草刈正雄主演の東宝映画『沖田総司』までを論じたが、ここで少し時計の針を戻さなくてはならない。

戦後時代劇の全盛時代に新選組映画の権威だった片岡千恵蔵の新選組映画は、一九六〇代の初めで終わりを迎えた。それは同時に戦前から続いてきたごくオーソドックスな新選組映画の終焉を告げるものであり、そして一つの時代の終幕を確実に物語るものであった。

しかし、片岡千恵蔵の新選組映画が終わりを告げたその翌年の一九六二年に、期せずして全く新しいかたちの新選組小説が登場して世の注目を集めた。まず、この年の五月から十二月まで司馬遼太郎の連作小説『新選組血風録』が『中央公論』に連載され、さらに十一月から翌々年の三月にかけて同じ司馬遼太郎の新選組小説『燃えよ剣』が『週刊文春』に連載されて評判を呼び、新選組小説に新たな一ページを切り開いた。

『新選組血風録』も『燃えよ剣』も、単行本化されると幅広い読者を獲得して、俄かに新選組熱が高まった。

しかし、それと反比例するように、映画界が斜陽化してきたために新選組映画そのものの製作は、

一九六三年　大映『新選組始末記』三隅研次監督　市川雷蔵主演
　　　　　　東映『新選組血風録　近藤勇』小沢茂弘監督　市川右太衛門主演
一九六四年　東映『幕末残酷物語』加藤泰監督　大川橋蔵主演
一九六六年　松竹『土方歳三　燃えよ剣』市村泰一監督　栗塚旭主演
一九六九年　東宝＋三船プロ『新選組』沢島忠監督　三船敏郎主演
一九七四年　東宝『沖田総司』出目昌伸監督　草刈正雄主演

と、やや間遠になっていった。そして、その作風にもようやく苦悩の色が見え始めてきたころの一九六五年に、NET(現テレビ朝日)で栗塚旭の『新選組血風録』という連続ドラマ(全二十六回)が始まり、これが〝新選組ドラマ〟に新たな時代を切り開いた。

栗塚旭の『新選組血風録』が一世を風靡

栗塚旭の『新選組血風録』は、いま述べたように司馬遼太郎の連作小説のドラマ化であるが、脚本とメイン監督は一九五四年の映画『新選組鬼隊長』のコンビである結束信二と河野寿一で、この二人はこの後も、一九七〇年、NETの連続ドラマ『燃えよ剣』、七三年、フジテレビの連続ドラマ『新選組』でもコンビを組み、テレビにおける新選組ドラマに大きな足跡を残すことになる。

しかも、結束信二は一九六一年の新選組映画『維新の篝火』の脚本家でもあり、戦後の新選組映画、テレビドラマを語る上で、欠くことのできない存在となっていく。

NET『新選組血風録』の土方歳三（栗塚旭）

この『新選組血風録』でも、原作の面白さをさらに発展させた結束信二の脚本が抜群で、原作にはないオリジナル作品も含めて、毎回、視聴者の胸を打つ物語を創り出していく。

主人公の土方歳三を演じた栗塚旭も、結束信二の脚本について「自分が出演していながら、今度は一体どんな物語になるのかと、次の脚本ができて来るのが本当に楽しみでしたよ」と後にインタビューなどに応えて語っている。

出演陣は新人が多かったが、なんと言っても、土方歳三役の栗塚旭が抜群の出来で、例のぼそぼそっとしたぶっきらぼうな物言いがたまらない魅力があって一世を風靡した。冷徹で皮肉屋だが、内には温かいものを秘めた土方の人間像が人気の的だった。栗塚はまずはこれまでにおける最高の土方歳三役者と言って差し支えない。

栗塚だけでなく、いつも冗談ばかり言っているが、第三者的な目で物事をよく見ている沖田総司役の島田順司、愚直で一本気な近藤勇役の舟橋元、地味で淡々としているが頼りになる斎藤一役の左右田一平、洒落者でべらんめえ口調の原田左之助役の徳大寺伸など、みなよく役を心得て、絶妙のコンビネーションを発揮し、これらの出演陣の息の合ったやりとりが、物語の面白さを倍加していた。

このドラマは、おおむね土方歳三の視点で作られており、要所要所に土方の鋭い観察によるナレーションが入るのが、こたえられない魅力だった。

第一話「虎徹という名の刀」は、いきなり池田屋斬り込みから始まり、愛刀を振りかざして無敵の強さを発揮した近藤勇が、倒幕派浪士たちを平らげた後で、自分の愛刀をほれぼれと見つめ、

「虎徹だ。やはり斬れる!」

と感嘆する。近藤がその刀を手に入れたのは、まだ江戸にいた前の年のことだった。ある日、刀を売りに来た貧乏浪人の娘おみね(丘さとみ)から買い求めたのである。懐疑家の土方はそれを「偽物だ」と見抜いていたが、近藤は一途に「虎徹だ」と信じ込んでいて、事実、その刀を持って敵に立ち向かうと、無敵の強さを発揮するのだった。

その後、近藤は富商・鴻池に押し入った御用盗を斬り捨てたことから、鴻池からお礼に本物の虎徹一振りが贈られる。しかし、近藤はその本物の虎徹を持って戦っても、一向に「斬れない、斬れない」と嘆くばかりで、また元の偽物の虎徹で戦うと不思議に「斬れる、斬れる」と狂喜するのだった。

沖田総司（島田順司）とお悠（鈴村由美）

これはまさに「偽物でも、本人が信じてしまえば本物になる」というドラマで、不思議な面白さがあった。

第七話「菊一文字」も刀にまつわる話で、沖田総司があるとき古刀・菊一文字を手に入れて、「この刀は七百年も生きているんですよ」といたく感激している。胸を病んでいる沖田は、親子ほども年の違う隊士・日野助次郎（野々村潔）の勧めに従って、医師の半井《なからい》玄節（原健策）を訪ね、その娘のお悠（鈴村由美）とも知り合って仄かな恋心を抱く。ある日、沖田の代わりに玄節のところへ薬を貰いに行った助次郎が、倒幕派の浪士・戸沢鷲郎（戸上城太郎）に斬られ、変わり果てた姿となって帰ってくる。沖田は深く後悔する。と言うのは、以前、沖田は戸沢を斬ることができたのに大切な刀・菊一文字が刃こぼれするのを恐れて、斬らずに逃げ帰ったことがあったからである。
沖田は大事にしていた菊一文字で戸沢を斬り、その後は二度と菊一文字を使うことはなかった。

沖田総司のいない池田屋事件

第九話「池田屋騒動異聞」は、忠臣蔵がらみの話である。大坂の鍼医の息子・山崎烝（坂口祐三郎）は、赤穂浪士でありながら訳あって討ち入りには加わらなかった武士の子孫だった。そのため彼は、討ち入りをした有名な赤穂浪士・大高源五の子孫である大高忠兵衛（小川孝）から「卑怯者、臆病者の子孫」として数々の侮辱を受け、恋人まで取られるという屈辱的な体験をしていた。つまり、山崎にとって大高は恨み骨髄に徹する仇敵だった。

それから一年。山崎は新選組に入って監察となり、敵情探索という重大任務を帯びて池田屋に潜入するが、そこへ倒幕派の一人として現れたのが恨み重なる大高忠兵衛だった。世の賛美を受ける赤穂浪士の子孫と世のあざけりを受ける不義士の子孫――。その二人が、因縁の刃を交えるのが、この「池田屋騒動異聞」である。

ただ、この「池田屋騒動異聞」には、池田屋事件の〝悲劇のヒーロー〟とも言える沖田総司が一度も出てこないし、タイトルにも「沖田総司　島田順司」の名前そのものがない。しかし、この回は沖田総司の見せ場である池田屋事件の回なのである。倒幕派の浪士たちとの乱闘の果てに、喀血してなおかつ、必殺の剣を振るう総司の姿を映さないはずがない。

考えられるのは、池田屋の乱闘場面を撮る日に島田順司が病気か何かで休んでしまったのではないかということである。そのため本来なら当然撮るはずだった喀血の場面も撮れなかったのではないか。

私の知る限り、映画であれ、テレビドラマであれ、池田屋事件の場面に沖田総司が全く出てこない作品などおよそ前代未聞で、後にも先にも、この作品以外にお目にかかったことがない。

「今度生まれるときは……」

最後にあと一つだけ。第二十四話「風去りぬ」だったか、重い病の沖田総司は江戸千駄ヶ谷の植木屋平五郎（中村是好）宅の離れに一人ぽつんと寝ている。なにくれと沖田の面倒を見てくれていた姉のお光も（市川和子）も夫に従って庄内へ旅立ってしまい、いまは訪れる人とてない天涯孤独の身の上である。そこへ、土方歳三が出陣のため最後の別れにやってくる。沖田の頬はこけ、目はくぼみ、体は病み衰えて、すでに死期が近いことを予感させる。二人とも「これが今生の別れだ」と自覚するが、表面は笑顔で互いに冗談を飛ばし合う。

土方は下総流山で近藤勇、斎藤一と落ち合い、そこでいま訓練している二百人の新隊士を連れて会津に行き、薩長軍と一戦《ひといくさ》するつもりだと言う。

「いいですね。みんな一緒で……」

沖田は努めて明るく振る舞うが、さすがに自分だけ一人取り残される寂しさが漂う。

土方は別れ際にたったひとこと、

「今度生まれるときは、俺はお前のような人間に生まれたいと思っている」

と言って去って行く。

今度生まれるときは……。土方はおそらくこう言いたかったのだ。俺のように術策ばかり弄している人間ではなくて、本当はお前のように術策も何もない真っ正直な人間が一番いいんだ。俺だってできればそう生きたい、と――。

私は土方のこの台詞《せりふ》にひどく胸を打たれてしまった。この台詞は万事にぶっきらぼうで懐疑的な土方が言うから効果があるような気がする。土方はいつも沖田の子供っぽさをばかにしてからかってばかりいた。その土方が真顔で、「今度生まれるときは、俺はお前のような人間に生まれたいと思っている」などと言うから、思わず胸に熱いものがジーンと込み上げてくるのである。視聴者もこのドラマをずっと観てきて、土方という人間も、沖田という人間も分かってきたころに言うから、余計に効果的な台詞だった。

「さようなら。土方さん」

土方の後ろ姿が見えなくなって、総司から笑顔が消えると、そこにあるのはもう死相に満ちた暗い表情だけである。そして、

「慶応四年五月三十日　沖田総司死す　年二十五歳」
と字幕が出て、この回は終わる。

総司を演じた島田順司も、のちに『新選組血風録』の「一番心に残る作品」としてこの作品を挙げている。

この『新選組血風録』は、ストーリー展開と人物造形の面白さ、そしてその感動性において、まちがいなく〝新選組ドラマ〟の一つの頂点を示すものだった。いわゆる〝新選組ドラマ〟の頂点が、新選組ものという長い伝統を持つ映画からではなく、後発のテレビドラマから生まれたことは、なんとも皮肉なことである。

それまで新選組映画と言えば、池田屋事件の勝利で終わるか、鳥羽伏見の戦いの敗北か、近藤勇の最期で終わるのが大体のパターンだったが、この『新選組血風録』では箱館五稜郭の戦いにおける土方歳三の最期まで描いているという点でも特筆すべきことだった。

そして『新選組血風録』には、

〽花の吹雪か　血の雨か
今宵《こよい》白刃《しらは》に散るは何《なに》
「誠」一字に命をかけて
新選組は剣を執る

明日《あす》はこの身が　散らば散れ
燃える命に　悔いはない
月に雄叫《おたけ》び　血刀かざし　（以下リフレイン）
新選組の旗は行く

という感動的な主題歌があって毎回、新選組ファンを熱狂させた。

麻疹《はしか》とコレラが変えた新選組の運命――栗塚旭の『燃えよ剣』

ＮＥＴは『新選組血風録』から五年後の一九七〇年に、再び司馬遼太郎原作の新選組連続ドラマ『燃えよ剣』（全二十六回）を放送した。脚本もメイン監督も『新選組血風録』と同じ結束信二と河野寿一であり、配役も土方歳三（栗塚旭）、沖田総司（島田順司）、近藤勇（舟橋元）と同一メンバーである。

ただ、『新選組血風録』ではひょうひょうとした苦労人の斎藤一を演じて好評だった左右田一平は、『燃えよ剣』では裏通り先生という原作にはない役を割り振られていて、どうも釈然としなかった。左右田一平にはぜひとも、あの絶妙な斎藤一役で再登場して欲しかったと思うのは、はたして私だけだろうか。

　『燃えよ剣』は、新選組結成の一年前の文久二年から始まる。この年、長崎に入港した外国人の船員が日本に麻疹《はしか》をもたらした。この麻疹ウィルスは日本にはないものだったため、瞬く間に全国に広まり、江戸でも感染者が続出。近藤勇の試衛館道場がある小石川あたりは、特に猖獗を極めた。試衛館は博徒や中間、百姓相手の剣術道場だったが、お陰で弟子が一人も来なくなってしまった。そこへきて、おまけにコレラが大流行して、おびただしい人が死んでいく。人通りもめっきり少なくなってしまって、通るのは葬式の行列ぐらいのものだった。

ＮＥＴ『燃えよ剣』の近藤勇（舟橋元）と沖田総司（島田順司）

　これは、ちょうど二〇一九年の暮れ以来、全世界を襲ったコロナ禍にも相似たものがあり、いま見ると余計に現実感が迫ってくる。

　結局、麻疹とコレラのため、剣術の道場では食べていけなくなった近藤、土方、沖田ら試衛館の面々は、折からの幕府の浪士徴募に応じて京都へ行くことを決意する。つまり、麻疹とコレラが近藤、土方、沖田らの運命を変えたという解釈が非常にユニークで興味深かった。

松竹『土方歳三　燃えよ剣』の土方歳三（栗塚旭）と七里研之助（内田良平）

じつは司馬遼太郎の小説『燃えよ剣』は、この栗塚旭の連続ドラマ以前にすでに二度、映像化されている。このときから四年前の一九六六年、東京12チャンネル（現テレビ東京）で放送された内田良平主演の連続ドラマ『燃えよ剣』（全十三回）と、同じ年の栗塚旭主演の松竹映画『土方歳三　燃えよ剣』である。

しかし、この二作は、前年の栗塚旭主演の連続ドラマ『新選組血風録』が好評だったため、その人気にあやかって、司馬遼太郎のもう一つの新選組小説である『燃えよ剣』を急遽《きゅうきょ》テレビドラマ化したり、映画化したような印象があって、やや拙速主義の感が免れない。

テレビ版の『燃えよ剣』は土方歳三（内田良平）、近藤勇（小池朝雄）、沖田総司（杉良太郎）といった配役で、杉良太郎はこれがデビュー作だった。

映画版の『土方歳三　燃えよ剣』のほうは、土方歳三(栗塚旭)、近藤勇(和崎俊也)、沖田総司(石倉英彦)といった配役で、原作を大幅に変えて最後は、土方歳三とライバルの七里研之助(内田良平)が池田屋で対決するというストーリーになっていた。テレビ版『燃えよ剣』では主役の土方歳三だった内田良平が、映画版『土方歳三　燃えよ剣』では敵役の七里研之助を演じているのが面白い。

鶴田浩二だけを立てるドラマ――『新選組』

栗塚旭の『燃えよ剣』から三年後の一九七三年に、今度は鶴田浩二が近藤勇を演じるフジテレビの連続ドラマ『新選組』(全十九回)が放送された。脚本は映画『新選組鬼隊長』『維新の篝火』の脚本家であり、栗塚旭の連続ドラマ『新選組血風録』『燃えよ剣』の脚本家でもある結束信二である。これは一口で言えば、すべての面において主役の〝近藤勇を立てる〟ドラマであった。もっと言えば〝ひたすら鶴田浩二だけを立てる〟ドラマであったと言っても過言ではない。

たとえば、新選組草創期において、商家からの押し借りや婦女への暴行など芹沢鴨(遠藤辰雄)、新見錦(成田三樹夫)一派の軍律違反が目立ち、局長の近藤が新見に切腹を申し渡しに行くとき、副長の土方歳三(栗塚旭)が「私も一緒に行く」と言っても、近藤は「いや、俺一人で行く」と言って彼の同行を許さない。勿論、新見はおとなしく切腹などするわけがなく、逆に斬りつけてきたので、近藤はこれを一刀のもとに斬り捨てる。つまり、この場面は何が何でも鶴田浩二、一人の見せ場に

フジテレビ『新選組』の近藤勇（鶴田浩二）

してしまうのである。

そして、横暴をやめぬ芹沢とその配下を斬りに行くときも、近藤は土方らの同行を拒んで、たった一人で乗り込む。近藤が芹沢らと刃を交えている間に、近藤の命令に背いて土方らも加勢に駆け付けては来るのだが、芹沢を斬る場面はすべて近藤だけの見せ場にしてしまう。

このドラマでは、ことほど左様に、いいところはすべて鶴田浩二が取ってしまうといった点で徹底したものであった。

そのため、土方歳三役にせっかく『新選組血風録』『燃えよ剣』で人気絶頂の栗塚旭を配していても、ほとんど彼の見せどころはなく、いつも鶴田浩二の引き立て役に回されて、欝々とした不満を囲っているしかなかった。栗塚もそのへんの複雑な心境を、おおっぴらにではないが、後に何かのインタビューに答えて控えめに語っていたことがあった。

もう一人。このドラマには、『新選組血風録』で斎藤一を演じて好評だった左右田一平も同じ斎藤一役で出演しているが、残念ながら彼も前回のような絶妙な味は、ついに出せずじまいだった。

このドラマの近藤勇は、まことに人格高潔で、部下や女子供にもことのほか優しい。池田屋斬り込みのときも、近藤はむやみに人を斬らない。刃向かってくる浪士たちに対しても、「刀を捨てて出てこい」とか、「縛《ばく》につけ」と呼びかけ、無用の殺生をしまいとする。

やがて四国屋に向かった土方歳三の一隊が駆け付けて来ると近藤は、

「歳《とし》、もう斬るな。捕らえろ」

と命じて、無益な殺生を禁じる。

そしてやっと到着した所司代の役人たちにも、いの一番に、

「手負いの浪士が大勢います。手当てをしてくだたい」

と指示する。

これほど近藤を人命尊重の人道主義者に描いた例は他にないような気がする。

ただ、作品の出来はいまいちで、脚本結束信二、監督河野寿一コンビによる前二作『新選組血風録』『燃えよ剣』には遠く及ばなかった。その第一の原因は、近藤勇をあまりにも理想化し過ぎていることである。新選組に潜入した敵の間者も斬らずに逆に金子を与えて、その恋人と共に逃がしてやるとか、本来なら切腹を免れない臆病な隊士も温情をかけて命を助けてやるといった、すべては近藤の温情解決で一件が落着するといった勧善懲悪調のドラマツルギーが一番つまらなかった。鶴田浩二も一応、新選組のだんだら模様の羽織を着てはいるものの、そのじつ、どこか彼が得意とした任侠映画の主人公のような印象が終始抜けなかった。

史上最長の池田屋事件──平幹二朗の『新選組始末記』

一九七七年の四月からTBSで、子母澤寛原作、平幹二朗主演の連続ドラマ『新選組始末記』(全二十六回)が始まる。子母澤寛の原作は、これまでにも中村竹弥主演の連続ドラマ『新選組始末記』や、市川雷蔵主演の映画『新選組始末記』があり、三度目の映像化ということになる。

脚本はこの時点ですでに複数の新選組小説を発表していて、その後も数多くの新選組小説を書き続ける童門冬二である。つまり、新選組の物語は彼にとって単なる小説の題材ではなく、自分のアイデンティティーにつながる切実な課題であるらしく、各回、骨太なストーリー展開で、視聴者を魅了した。

主要人物は、新選組局長の近藤勇(平幹二朗)と副長の土方歳三(古谷一行)と副長助勤の沖田総司(草刈正雄)の三人で、近藤を演じた平幹二朗は冷静沈着だがゆったりとした風格があり、規則一点張りで苛烈な土方を演じた古谷一行も、ぴったりと役に嵌まっていて小気味よかった。土方役と言えば、『新選組血風録』と『燃えよ剣』の栗塚旭をもって決定版と見る向きが多く、私もそれには賛成するが、この古谷一行の土方もなかなか捨てたものではなかった。

そして三年前の東宝映画『沖田総司』でも沖田を演じた草刈正雄の沖田総司が抜群に良く、『新選組血風録』『燃えよ剣』の島田順司と並んで沖田総司役者の双璧と言ってよいだろう。

この『新選組始末記』は、新選組結成のときから、近藤勇が処刑されたあと、土方歳三が箱館行きを決意するまでを入念に描く、ほぼ新選組興亡史のかたちを取っているが、中でも驚かされたのは池田屋事件の描き方だった。

全二十六回のうち、池田屋事件については「池田屋事変　その一」「その二」「その三」と三回分を投じて描き、特に「その三」では、この回の放送時間四十七分をまるごと乱闘場面に充てるという念の入れようだった。

普通、池田屋における新選組と倒幕派浪士の斬り合いの時間はおよそ二時間だったとされ、どの映画でも、テレビドラマでも、大体それぐらいの時間として描かれるのが常識である。ところが、このドラマでは新選組が夜半に討ち入ってから翌日の日中まで延々と戦闘が繰り広げられるのだから驚いてしまう。新選組も浪士たちも血みどろになって、へとへとになって戦う、まさに史上最長の池田屋事件である。こんな池田屋事件はまったく見たことも聞いたこともない。

そして、この回のエピソードでは、新選組を迎え撃つ倒幕派浪士の統領・宮部鼎蔵に扮した水島道太郎が、戦前からの時代劇俳優の貫禄を見せて、鈍い光を放った。冷静沈着な宮部は同志の者たちを励まし、踏み込んできた新選組と勇敢に戦う。しかし、その同志の者たちも次々に倒れ、自分も新選組にぐるりと取り囲まれて「もはやこれまで」と覚った彼は、おのが腹に刀を突き立てて、新選組を睨み返し、

「君たちは時代に取り残されるのだ!」

と吐き捨てるように喚いて絶命する。このシーンがいたく心に残った。

沖田総司とすみの恋

この『新選組始末記』の特徴は、沖田総司と医者の娘すみ（竹下景子）との悲恋物語が、ほぼ全編を貫く、もう一つのメイン・ストーリーとなっている点である。沖田総司の恋は他の新選組映画や、テレビドラマでもよく取り上げられるが、せいぜい新選組の数あるエピソードの一つとして取り上げられるのが普通で、この『新選組始末記』のように全編を貫くメイン・ストーリーとして扱われるのは全く初めてのことだった。

『新選組始末記』がかなり幕末史に深入りした作り方をしていながら、視聴者の関心をつなぎ止めることができたのは、全編を貫く一本の太い線として、おそらくこの沖田総司とすみの悲恋物語があったからではないだろうか。

そういう意味では、この物語の主人公はたしかに近藤勇ではあるが、隠れたと言うか、陰のヒーローとヒロインは、まぎれもなく沖田総司とすみであり、女性ファンの人気を集めた理由でもある。沖田とすみは互いに慕い合っている。しかし、総司は労咳を病んでいて、その負い目が総司をして、すみに対していま一つ積極的な態度を取れない理由だったが、すみの父・沢玄沢（浅野進治郎）が断固として二人の仲を許さないことも、二人が相寄ることができない大きな原因でもあった。

あるとき玄沢は総司にきっぱりとこう言う。

「もうすみとは会わんで欲しい」

「私が労咳だからですか？」

すると玄沢は思わず声を荒げて口走ってしまう。

「新選組だからだ！」

これは沖田には非常に応えた。労咳を理由に「娘はやれぬ」と言われることは覚悟していた。しかし、新選組であることが、すみとの仲を許さぬ理由と言われたのでは、沖田という存在を頭から否定されたも同然だった。剣に生きる沖田にとって新選組は唯一の生きがいだった。近藤勇や土方歳三を兄とも慕う沖田にとって、新選組なしの人生など到底考えられないことだった。

『新選組始末記』の沖田総司（草刈正雄）とすみ（竹下景子）

　そして、運命はさらに残酷であり、やがて二人を引き裂く決定的な事件が起きる。

会津藩から応援部隊として新選組に派遣された武士の一人・柴田時次郎(三上真一郎)が、沢玄沢の家に逃げ込んだ倒幕派の浪士を斬ろうとして、誤って玄沢を斬り殺してしまったのである。これが沖田とすみの運命を大きく狂わせてしまった。すみは新選組を激しく憎み、沖田に対しても頑なに心を閉ざしてしまう。愛し合うもの同士が、運命のいたずらで仇敵同士になってしまうという意味では、沖田とすみはまさに幕末における「ロミオとジュリエット」と言ってよいのではないか。この二人を演じた草刈正雄と竹下景子が清新な魅力で物語を盛り上げていた。

特に病気のため神経が異常に過敏になっていく沖田を草刈正雄が好演していて強く印象に残った。こんな場面がある。病状が悪化して植木屋の離れに匿われていた沖田は、ついに薩長の詮議が厳しくなって、離れではなく、納屋に隠れ住むようになっていた。そこへ会津に転戦することに決めた土方歳三が、ふらりと立ち寄る。

土方としては、それとなく最後の別れをするつもりである。そんな土方に対して、沖田は「近藤先生も、すみさんも元気ですか」と一番気になっていたことを尋ねる。

しかし、このときすでに近藤勇は新政府軍に斬首されてこの世に亡く、すみもまた江戸に来る途中、新政府軍に「沖田総司は死んだ」と聞かされて、絶望のあまり、役人の槍でおのが胸を突いて果ててしまっている。土方は「二人とも元気だよ」とその場を取り繕うが、病気で神経が異常に過敏になっている総司は、土方の言葉に嘘を感じ取り、「もしかしたら二人とも死んでしまっているのではないか。本当のことを言って」としつこく食い下がる。土方は「絶対にそんなことはない。

近藤さんも、すみさんも元気だよ」と沖田をなだめすかして帰ろうとする。ところが、帰りかけた土方の後ろ姿に沖田は、たったひとこと、

「土方さん、嘘がうまくなりましたね……」

と鋭い言葉を投げつける。これはなんとも痛々しく悲しい言葉だった。聞く者の肺腑を抉るひとことでもあった。そうした病者の研ぎ澄まされた神経を、草刈がじつによく表現していた。

芹沢鴨とお梅の交情

このドラマには、新選組ドラマとして、さまざまな新趣向が盛り込まれているが、芹沢鴨(高松英郎)とその情婦お梅(中村玉緒)の交情などもその一つである。

お梅は太物問屋の菱屋太兵衛(内田朝雄)の妾である。ある日、太兵衛はお梅を新選組の芹沢鴨のところへ借金の取り立てにやる。どうやら太兵衛はお梅をそんな使いに出せば、芹沢が必ずお梅に手を出すと承知の上でしたことだった。つまり太兵衛は借金取り立てのためお梅を人身御供に差し出したのである。

それでいながら太兵衛は、芹沢に手込めにされて帰って来たお梅を、家から追い出してしまう。

するとお梅は、意外にも芹沢のところに舞い戻ってきて、

「うちをここに置いておくれやす。ちょっとも場所は取りませんさかい。お願いです。置いてお

くれやす。うちはもう行くところあらしまへん」

と哀願する。芹沢もお梅の様子から何かを察し、

「なに？　いたければいろよ。いたければいろ……」

と少し優しい言葉で言う。

芹沢のところに居ついたお梅は、すっかり世話女房のようになり、気の荒い芹沢もこの女と一緒にいると心が和むものを感じるようになっていく。

「〽坊《ぼん》さん、坊さん、頭は丸太町、つるっと滑って竹屋町、水の流れは夷川《えびす》……」

とお梅が歌って聞かせる京都のはやり歌を、「くだらん！」とくさしていながら、その芹沢自身ががいつのまにか、

「〽坊さん、坊さん……」

とわれしらず口ずさむようになるところなどが、じつに面白く、ほほえましくもある。

こんな場面もある。あるとき、近藤一派との軋轢が高じて、怏々として楽しまない芹沢を見て、お梅はこんなことをつぶやく。

「男はんは外に出ると毎日毎日、辛いことがおすのやなぁ。そこへゆくとうちはむつかしいことは分からへんし、ほんまに申し訳ないと思っています。堪忍しておくれやす」

「男にとって女とは、いて欲しいときにいてくれればそれでいいんだ。難しいことなんか分からなくていい」

「そやけど、うちはそんな女やおまへん」

「お梅、お前は俺がいて欲しいと思うときにいてくれる女だ」

お梅は感激して、芹沢の肩に顔をうずめる。

芹沢鴨の意外な人間性である。

しかし、その芹沢鴨も、お梅も、まもなく、あのどしゃぶりの夜に、土方歳三たちによって無残に斬り殺されることを、私たちは歴史的事実としてすでに知っているので、この二人のひとときの愛のかたちが余計に哀れなものに感じられるのである。

私の知る限り、それまでの新選組映画やテレビドラマでは悪役の芹沢鴨と、そしていつもはほんの端役としてしか登場しないお梅との人間的な愛情をこれほどきめこまかに描いた作品は、それまで一本もなかった。このドラマが初めてである。このあと香取慎吾主演のNHK大河ドラマ『新選組！』や、永井大主演のNHK連続ドラマ『新選組血風録』で芹沢鴨とお梅の交情が描かれたりするようになるのだが、それはすべてこの『新選組始末記』の影響と考えられる。

さらば友よ——近藤勇と土方歳三の別れ

このドラマで最も強烈な印象を残したのは近藤勇と土方歳三の友情である。

近藤勇と土方歳三は少年時代から、いつも二人三脚でやってきた。特に新選組を作ってからは、

『新選組始末記』の近藤勇（平幹二朗）

近藤は土方の〝神輿《みこし》〟だった。〝神輿〟は常に清く正しく、部下に人望がなくてはならない。そのため、土方は汚い仕事や、憎まれ役は自分が一手に引き受け、近藤は〝聖域〟として祭り上げてきた。どのようなことがあっても、近藤を守ること。それは土方にとって至上命令であり、生きがいでもあった。土方にとって近藤はなくてはならない存在であり、近藤にとっても土方はなくてはならない存在だった。一方が欠ければ、もう一方も立ちゆかなくなってしまう、二人はいわばそういう関係だった。
が、その二人にも、ついに決別のときがやってくる。

新選組は甲州勝沼の敗北以来、流山に陣を張っていたが、近藤は部下の者たちが思い思いの方角へ落ち延びていくことができるよう時間を稼ぐため、自分は相手の求めに応じて新政府軍の本営に出頭する覚悟を決める。しかし、行けば命の危険がある！　土方は断固反対するが、すでに近藤の決意は固い。とうとう近藤は出頭することになり、土方は新政府軍と一戦を交えるため会津に向かうことに決する。

今生の別れである。土方が立ち去ろうとしたとき、とうとう激情が爆発して、近藤に背を向けた

まま、思わず、

「近藤さん！」

と叫ぶと、近藤も目を背けたまま、

「歳《とし》！」

と腸《はらわた》から絞り出すように叫び返す。すると、いつもは冷静な土方が、たまらなくなって
「うわーッ……」

と獣のような喚き声を挙げて足早に去っていく。これは肺腑をえぐるようなシーンだった。

新政府軍の本営に出頭し、容赦のない取り調べを受けた近藤は、部下が落ち延びて行くための
「だいぶ時を稼いだ……」と満足して、刑場の露と消えていく。

土方は会津で奮戦した後、共に戦った永倉新八（夏八木勲）や斎藤一（小池雄介）に、

「近藤さんが板橋で死んでから、俺の新選組の〝神輿〟はなくなってしまったんだ」

と言う。そして、

「俺の胸の中にはでっけえ穴がぽっかりできてしまったんだ」

と。

近藤を亡くしてしまった今、土方にできる

『新選組始末記』の土方歳三（古谷一行）

ことと言ったら……。

土方はさらに新選府軍と戦うため、砲弾に焼け、穴だらけになった新選組の「誠」の旗一つを携えて、幕軍最後の拠点・箱館に向かう。ちょうど近藤勇が死に場所を求めて板橋の新政府軍の本営に出頭したように、土方もまた……。

ドラマはここで終わり、あえて箱館五稜郭での土方の死は描かない。

無名隊士たちの恋模様――『壬生の恋歌』

平幹二朗の『新選組始末記』のあと、

一九八二年　フジテレビ『沖田総司　華麗なる暗殺者』(単発)郷ひろみ主演
一九八三年　NHK『壬生の恋歌』(全二十三回)三田村邦彦主演
一九八四年　日本テレビ『燃えて散る　炎の剣士　沖田総司』(単発)田原俊彦主演
一九八七年　テレビ朝日『新選組』(全二回)松方弘樹主演
一九九〇年　テレビ東京『燃えよ剣』(全二回)役所広司主演
一九九八年　テレビ朝日『新選組』(全十回)渡哲也主演

と各テレビ局の新選組テレビドラマが続いた。

『壬生の恋歌』は、新選組に新規入隊した入江伊之助(三田村邦彦)ら架空の平隊士たち、無名隊士たちの、それぞれの恋模様を描くという一風変わったドラマで、新入隊士たちと関わりを持つ、京都の女たちの人生模様もたっぷりと描かれているのが特徴だった。当時、全く無名だった渡辺謙が、遊女殺害の罪で斬首される憐れな平隊士の役で出演しているのも話題の一つである。後に渡辺謙はこれが自分のほぼデビュー作だったと述べている。渡辺謙はこのドラマの四年後に大河ドラマ『独眼竜政宗』の主役に抜擢されて一躍スターの座に躍り出る。そのほか、近藤勇(高橋幸治)、土方歳三(夏八木勲)、芹沢鴨(財津一朗)といったキャスティングだった。

松方弘樹の『新選組』は、前項で述べた平幹二朗の『新選組始末記』と同じ子母澤寛の名著『新選組始末記』のドラマ化で、近藤勇(松方弘樹)、沖田総司(東山紀之)、土方歳三(竹脇無我)といった配役である。

役所広司の『燃えよ剣』はひとことで言って最低最悪の新選組ドラマだった。、司馬遼太郎の原作小説の面白さ、格調の高さをめちゃくちゃに壊して、軽薄極まるストーリーを長時間にわたって放送し続けた罪は、万死に値すると言うしかない。せっかく役所広司という逸材を土方歳三役に起用していながら、残念至極なことだった。ちなみに近藤勇役は石立鉄男で、これは冗談としか言いようのない配役だった。

渡哲也の『新選組』も、いま一つパッとしない内容だった。渡哲也の近藤勇が分別臭くてどうしても浪士団の隊長という感じがしないのと、明朗時代劇の村上弘明は陰影のある土方歳三役には向かないのひとことに尽きる。村上はどうしても善良な好人物のイメージが強く、冷徹な策謀家の役は最初から無理で、むしろ気の毒だった。

結局、平幹二朗の『新選組始末記』以降は、二〇〇〇年の世紀末まで目ぼしい作品は全く見当らないというのが正直な感想である。

二〇〇一年以後の新選組ドラマについては次章で述べる。

第五章　新選組映画の復活

『御法度』は何を描いたのか

一九七四年の出目昌伸監督『沖田総司』から、一九九九年の大島渚監督『御法度』が登場するまでには、二十五年間という信じがたい新選組映画の空白期があったことは第三章の末尾にも記した。そして、その間、もっぱらテレビが新選組ドラマの主な供給源だったことは、これまた第四章に記した通りである。

さて、その『御法度』は、従来の新選組映画とは全く趣を異にした作品だった。というのは、この映画は新選組を題材としていながら、新選組の結成と芹沢鴨の暗殺、池田屋事件、山南敬助の脱走と切腹、伊東甲子太郎一派の粛清、そして鳥羽伏見の戦い、箱館五稜郭の戦いといった、いわゆる新選組のメイン・ストーリーは一切出てこないという、これまで観たこともない新選組映画だった。

それでは『御法度』には何が描かれているのかと言うと、新選組という閉鎖社会の中に加納惣三郎(松田龍平)という美青年が入隊してきたことによって起こる衆道《しゅうどう》つまり男色騒ぎである。惣三郎は不思議な存在である。まず惣三郎には一緒に入隊した田代彪蔵(浅野忠信)が懸想《けそう》して男色関係になる。しかし、先輩隊士の湯沢藤次郎(田口トモロヲ)が惣三郎を口説くと、惣三郎はこれにも靡く。そして幹部の武田観柳斎も惣三郎に思いを寄せ、隊長の近藤勇(崔洋一)まで表情を崩して惣三郎を自分の小姓に欲しいと言ったりする。そうこうしている間に、当の惣三郎は幹部で武骨者の山崎烝(トミーズ雅)に色目を使ったり、とにかく油断がならない。多くの者が惣三郎によって心を動かされ、隊中になまめかしいさざ波が広がっていく。

しかし、このことについては、私はすでに前々著『剣光一閃』で詳しく論じてしまったので、その一部を再掲しておく。


大島渚の関心は、主として〈ホモセクシュアルの美学〉にだけ注がれ、それ以外のことはほとんど視野の外に置かれてしまっている。しかし歴史的事実である新選組を題材にしていながら、そのモチーフを、はたして〈ホモセクシュアルの美学〉にだけ限定してよいのだろうか。

じつは、劇中、この映画のテーマが、一瞬、普遍化しかけた場面があった。それは土方歳三(ビートたけし)と沖田総司(武田真治)の会話の中に出てくる。

中洲で加納惣三郎（松田龍平）に何が起こったのか……

沖田は新選組局長である近藤勇と副長である土方歳三の密接な関係を指して、

「お二人の間には誰も入れないという暗黙の了解があるような気がします。それが新選組なのです。ところがときどき、そこへ誰か入ろうとする。近藤さんがうかつに入れようとするときもある。そして土方さんはそれを斬る」

と言う。この台詞は重要である。沖田の言葉は、かつてそういうことが何度かあったということを前提としている。しかし、より具体的には、新選組に現在起こりつつある対立、つまり近藤勇をめぐる土方歳三と新入隊の参謀・伊東甲子太郎(伊武雅刀)との対立を指していることは明白である。

その対立とは何か。新選組はこれまで幕府の走狗として勤王派を弾圧してきたが、伊東の目的は新選組を勤王派に鞍替えさせることである。しかし、それは同時に、幕府方の浪士師団として人斬りに徹しようとする土方との正面衝突を意味する。

そう言えば、沖田と土方の会話が行われる前に、こんなシーンがあった。

隊務で広島に出張していた近藤と伊東の帰還を祝って開かれた宴席で、ほろ酔い機嫌の伊東は幹部隊員たちを前にして、

「旅の間、回を重ねるに従って、近藤さんも私の考えを理解してくれるようになった」

と、得意げに言う。この台詞で伊東が旅の宿々で、毎晩のように近藤を説得していたことが分かる。

それにどうやら近藤もまんざらでもなさそうな表情である。近藤はまちがいなく伊東に説得されかかっているのだ。

このとき、近藤の傍らにいた土方は「人を斬るのに理屈はいらん」と吐き捨てるように言い、いかにも不快そうにプイッと横を向いてしまう。

それは新選組最高幹部同士の路線対立というより、むしろ農民出身の土方の、インテリ伊東に対する理屈を超えた、むき出しの敵意である。

そのため、伊東は、近藤や土方に暗殺されてしまう。伊東を近藤の妾宅に招いて、その帰り道を狙って斬殺したいわゆる油小路事件であるが、残念ながら映画ではそこまで描かれなかった。

映画でもぜひそこまで描いて欲しかった。そして『御法度』の中にそれを無理なく位置付け

るなら、伊東斬殺の最大の理由は、土方の嫉妬であったとすべきだろう。

つまり、加納惣三郎、田代彪蔵、湯沢藤次郎といった衆道（ホモセクシュアル）の争いの根底にあるものも、近藤、土方、伊東といった組織の争いの根底にあるものも、じつは同じ、人間の心の中の秘密に由来するものなのだという描き方をすれば、この映画にテーマがより普遍化されるのではないだろうか。

実際、近藤と土方の仲を評した沖田のあの台詞、

「お二人の間には誰も入れないという暗黙の了解があるような気がします。それが新選組なのです。ところがときどき、そこへ誰か入ろうとする。近藤さんがうかつに入れようとするときもある。そして土方さんはそれを斬る」

には、この映画のテーマを、単なるホモセクシュアルの美学にだけ終わらせない人間考察、とりわけ集団内における人間関係に対する明敏な考察が込められている。

しかし大島渚は、この台詞の先にあるものを、あえて追おうとはしない。それはどうやら『御法度』の大島渚にとっては、あまり関心のないことらしいのだ。

この台詞の先にあるものとは、むろん組織内抗争の根本に潜むものであり、せんじつめて言えば政治の争いの根本に潜むものである。

どうやら大島渚は、現代においてはホモセクシュアルのテーマのほうが、政治性を上回ると言いたげである。

たしかに政治は愚劣なものかもしれない。しかし、芸術家がその愚劣な政治を批評対象から外すことだけはやめてほしいのである。

もう少し続ける。

映画のラストシーン。加納惣三郎が鴨川の四条中洲で田代彪蔵を斬った後、見届け役の土方と沖田は、いったん肩を並べて引き揚げてくるが、西の橋を渡り終わったところで、沖田が唐突に、

「用を思い出しました。ちょっと中洲まで引き返してきます」

と、ヒラリと身をかわして砂地へ引き返して行く。いつに変わらぬ快活な物言いであり、まるで忘れ物をした少年がそれを取りに戻るような屈託のない表情である。

沖田はなにをしに戻ったのか。

二つ考えられる。

一つ目は、自分では意識していなかったが、沖田もまた惣三郎の不思議な魅力に引かれるようになっていたという解釈である。

それでは沖田が夜の闇に消えた後、一人になった土方が、胸に突き上げてくる得体のしれないものを感じて、眼前の桜の若木をバッサリと斬る、あの意味はなんなのか。

普通に考えると、すべてに冷笑的な土方もまた、知らず知らずのうちに惣三郎の妖しい魅力の虜になっていて、その思いを断ち切るために桜の若木を斬った、とも考えられる。そう言えば、匂うばかりの桜の若木こそ、まさしく惣三郎の化身そのものではないか。大島自身は、おそらく、そんなつもりで演出したのではないだろうか。

しかし、大島の演出がどうであれ、沖田は惣三郎を斬るため、引き返して行ったという解釈が成り立つのである。

惣三郎は近藤の命令で、同性愛の相手である田代を斬りに行くが、逆に田代に斬り立てられ、絶体絶命の窮地に陥る。惣三郎は助かりたい一心から、咄嗟《とっさ》に耳元で甘い言葉をささやき、田代が一瞬迷ったそのスキを突いて、田代を斬り倒す。惣三郎が甘い言葉で田代をだましたことが、遠くからではあったが、決闘のなりゆきをじっと見守っていた沖田には、はっきり分かったのだ。沖田には惣三郎がどうしても許せなかったのである。これが沖田が中洲へ引き返して行った理由である。

それでは、すべての幻惑、すべての争いの原因である加納惣三郎とは一体なんなのか。惣三郎の艶麗な立ち姿に、大島はなにを仮託したかったのか。

男でも女でもないエロス、少年でも青年でもないエロスの化身を、大島は惣三郎に見たのではないか。いずれにしても大島が、錯綜するエロスの暗闇のかなたに一つの絶対的な謎を忍び込ませたかったことだけはたしかである。

ルキノ・ヴィスコンティ監督の『ルードウィヒ　神々の黄昏』の中で、神秘と美に憧れるルードウィヒは言った。「私は謎でありたい」と。

謎――。それは映画『御法度』を成立させている最も基本的なモチーフである。

大島渚の革命幻想

じつは大島渚は『御法度』に先立って、二本の時代劇を撮っている。東映、大川橋蔵主演の『天草四郎時貞』(一九六二年)と、ATGの静止画による漫画映画『忍者武芸帳』(一九六七年)である。『天草四郎時貞』はキリシタンの天草四郎が起こした宗教一揆・島原の乱に仮託して、大島の革命幻想を画面に定着した作品であり、ワンシーン・ワンカットの手法を多用。画面に苦悩と敗北感を濃厚に漂わせていた。

そして『忍者武芸帳』もまた忍者をはじめ社会の底辺にうごめく異形の者たちによる権力への抵抗や百姓一揆のかたちを借りて、大島渚の革命幻想を強烈に思い描いた作品だった。

「ゲバラのような革命家になりたかった」という大島渚は、安保闘争を描いたあからさまな政治映画『日本の夜と霧』以来、日本における革命幻想とその革命を阻む日本的体質、日本的現実を、手を変え、品を変えして描き続けて来た、いわば映画芸術による革命の闘士と言ってもよい存在だった。

特に時代劇は現代劇と違って、かなり空想的な革命論や革命幻想をも展開しうる縦横自在なジャンルなので、三本目の時代劇『御法度』でこそ、彼の最新の革命論が展開されるのでは、という微かな期待もあった。というのは、『御法度』が時代背景としている幕末は、日本の歴史の中でも最も生々しい激烈な革命闘争が行われた時代だったからである。しかも『御法度』は幕末における武闘集団であり、当時の倒幕勢力から見れば、あきらかな反革命勢力だった新選組を描いた映画なのだから、革命を夢見てきた大島渚が、そこで革命に対するなんらかのアプローチを行わないで済ますはずがないではないか――と。

ところが、いざ、蓋を開けてみると、そこには革命の欠片《かけら》もなかった。そればかりか、新選組を題材にしていながら、この章の冒頭でも述べたように有名な芹沢鴨の暗殺も、穏健派の山南敬助の脱走・切腹も、策士の伊東甲子太郎の脱隊騒動も、鳥羽伏見の戦いも、箱館五稜郭の戦いも、およそ新選組のハイライト場面は、ただの一つも出てこない。と言うよりも新選組を取り囲む幕末史そのものが、ものの見事に捨象されてしまっていた。

それでは『御法度』で何が描かれていたのかと言うと、この章の最初にも述べたように新選組という男ばかりの閉鎖的社会に必然的に起こる衆道、つまり男同士のホモセクシュアルな関係だった。あるのは加納惣三郎という美青年が入隊してきたため、新選組の幹部をはじめ、一般隊士の中にも俄かに広がっていく波紋である。

たしかに新選組を同性愛の視点で描いた映画は、この映画が初めてであり、その意味では目新しい映画だったかもしれない。

しかし、私にはどうしても釈然としないものが残った。

大島渚は、一貫して革命幻想を追い続けて来た人間として、その革命を描くのに最適な題材、幕末と向かい合ったとき、そこでやはり自身の革命幻想を総括する必要があったのではないか。

これはひとり大島渚だけの問題ではなく、時代を超えて、日本の左翼的知識人全体の問題だったはずである。一九六〇年代まで、革命すなわち社会主義革命や共産主義革命は歴史的必然とみなす思想的雰囲気があり、多くの日本の左翼的知識人や労働者がそれを信じて疑わない時代があった。しかし、社会主義や共産主義が幻影であったと分かったとき、そのための革命とは一体何であったのか、一度は革命を信じた人間として、それをぜひとも総括しておく必要があったのではないだろうか。

それはたとえ革命の挫折でも、幻滅でも、挽歌であっても一向構わない。

革命に代えてホモセクシュアルなエロティシズムを謳い上げることは、少なくても私には、大島渚の〝逃げ〟としか映らなかった。

ちなみに大島渚の盟友で、やはり革命幻想を追い続けて来た若松孝二監督は、その最晩年に『連合赤軍　あさま山荘への道程』を作って、日本における革命幻想の錯誤を遅まきながら総括した。

篠田正浩と大島渚が交差するとき

閑話休題である。

篠田正浩監督と大島渚は、そのデビュー当時から松竹ヌーヴェルヴァーグの俊英として常に並び称されてきた。篠田正浩は伝統的な日本文化、日本的な美学の熱烈な信奉者として、一貫して様式美と映像美を追求した作品を作り続け、反対に大島渚は伝統的な日本文化や美学の破壊者として、日本的な現実を真っ向から否定する作品を作り続けてきた。同じ松竹ヌーヴェルヴァーグの出身とは言っても、その美学、その思想、その作品傾向において、まさに正反対の篠田と大島は、互いに相交わることのない軌跡を四十年近くも描いてきた。

ところが、大島渚がその最晩年に司馬遼太郎原作の『御法度』を作ったことによって、篠田正浩と大島渚の間にかすかな交点が生じた。と言うのは、篠田の最初の時代劇『暗殺』(一九六四年)は、司馬遼太郎の原作によるものだったからである。互に相交わることのない軌跡を描いてきた篠田と大島は、司馬遼太郎原作による映画という一点において奇しくも交差したのである。

まず、篠田正浩が自作の映画の原作に司馬遼太郎の小説を選んだのは、当然とも言えることだった。と言うのは、司馬遼太郎が膨大な著作を通じて描いてきたテーマはただ一つ「日本人とは何か」「日本文化とは何か」であり、篠田正浩が映画を通じて追求し続けてきたテーマも、まさしく

「日本人とは何か」「日本文化とは何か」だったからである。つまり、篠田にとって司馬遼太郎の小説は映画を作る際の原作としては、この上ない最適のものだったと言える。

しかし、一方の大島渚はそもそも、そういった日本的な思想とか文化といったものを全面的に否定し続けてきた人間なのだから、日本的な伝統主義者である司馬遼太郎の小説など初めから映画化の対象になどなろうはずもなかった。その大島があえて司馬遼太郎の小説を原作として映画を作ろうとしたのは、一体いかなる意図によるものなのか。

しかも篠田の『暗殺』と大島の『御法度』は、新選組という一点でつながる作品でもあった。『暗殺』は新選組の母体とも言える浪士組を作った稀代の策士・清河八郎(丹波哲郎)の野望と挫折を描いた映画であり、『御法度』は言うまでもなく新選組そのものを題材とした映画である。

そして『暗殺』は、非政治的で、美的なロマンチストだった篠田が珍しく取り組んだ真正の政治映画であり、反対に『御法度』は政治的なリアリストだった大島がたどりついた、非政治的で、性的で、そして夢幻的とも言える映画だった。

篠田は政治的人間・清河八郎を描くため、この『暗殺』で幕末史に過剰なほど深入りし、大島は『御法度』でホモセクシュアルの美学を描くため、幕末史を意識的に捨象した。

そして篠田は『暗殺』を思いっきり実験的、前衛的な手法で映画化し、大島は逆に『御法度』を正統的とも言えるエンターテインメントな手法で映画化した。

司馬遼太郎と新選組。美的映画と政治的映画。幕末史への深入りと意識的な捨象。前衛的手法と正統的手法。このように篠田正浩の最初の時代劇『暗殺』と大島渚の最後の時代劇『御法度』は、微妙にすれ違い、そしてかすかに交差したのだが、そのとき、当の篠田と大島は、はたしてそのことを意識しただろうか。

しかも、大島が司馬遼太郎原作の『御法度』を作った一九九九年という同じ年に、篠田も再び司馬遼太郎原作による『梟の城』を作って、彼の最後の時代劇とした。これは司馬遼太郎をめぐる大島と篠田の二重の奇縁であり、そのことを篠田と大島が全く意識しなかったとは到底思えない。しかし、そのとき、すでに巨匠の域に達していたと言ってもよい大島の『御法度』と篠田の『梟の城』は、必ずしもその作品が扱っている時代と作家的、思想的に切り結ぶことを目的とした作品ではなかった。

『梟の城』が華麗な安土桃山文化への美的耽溺において辛うじて成立する映画であったように、『御法度』も妖艶なホモセクシュアルの美学への惑溺において辛うじて成立する映画であった。

市川崑の立体漫画映画『新選組』

『御法度』の公開からわずか一か月後の二〇〇〇年一月に市川崑監督の紙人形による立体漫画映画『新選組』が封切られる。これは一九九四年から翌翌年の九六年にかけて月刊誌『小説歴史街道』に連載され、同年のうちに単行本として出版されて評判になった黒鉄ヒロシの同名漫画の映画化である。

漫画は原則として白黒画面ではあるが、パッと飛び散る血の色だけは真っ赤だったり、夜空に映える満月だけは美しい色付きだったりして、色彩的な効果が鮮やかだった。そのほかにも剣と剣が激しく打ち合うショットや、びしゃびしゃと地表を打つ雨などは実写だったり、表現上のさまざまな工夫が凝らされていた。

恋仲になった町娘に横恋慕した芹沢鴨に無残に殺されてしまう美男の佐々木愛次郎のエピソードや、自分が斬った男の妻と不義の仲になって、ついに心中する羽目になる松原忠司のエピソードなど、一時間半とかせいぜい二時間ぐらいの映画ではあまり取り上げられない傍系のエピソードも、しっかり盛り込まれているのが特徴だった。ちなみに佐々木愛次郎や松原忠司のエピソードは、全十三回とか全二十六回とか、ふんだんに時間のあるテレビドラマでは度々見かけるエピソードである。

立体漫画映画『新選組』の池田屋乱闘場面

しかし、非常に残念なのは、肝心要《かなめ》の池田屋事件のくだりを簡略な説明だけで通り過ぎてしまうことだった。
声の出演は、近藤勇（中村敦夫）、土方歳三（中井貴一）、伊東甲子太郎（石坂浩二）で、むしろこの配役による実写版を観たいという気持ちも起きる。

テレビ版の『壬生義士伝――新選組でいちばん強かった男』

『御法度』からほぼ二年後の二〇〇二年の一月から三月にかけて、テレビ東京で『壬生義士伝――新選組でいちばん強かった男』（全十回）という連続ドラマが放送された。これは浅田次郎の同名小説のドラマ化で、原作は全く新しい新選組小説として評判になったベストセラーである。

このドラマの急所は、なんと言っても主人公の新選組隊士・吉村貫一郎（渡辺謙）が、鳥羽伏見の戦いに敗れ、淀千両松の戦いにも敗れたあと、見るも無惨な敗残兵となって、雪の寒夜に蹌踉《そうろう》とした足取りで、自分の出身藩である南部藩大坂蔵屋敷にたどり着く冒頭の場面である。貫一郎はかつて南部藩の足軽だったが、極貧の生活で満足に妻子を養うこともできず、せめて妻子に仕送りをと脱藩の罪を犯して南部を飛び出し、新選組に身を投じた男である。

見れば貫一郎はもう満身創痍で全身血だらけ。へたり込んでもう動く気力もない。

応対に出た蔵屋敷差配の大野次郎右衛門（内藤剛志）は、身分こそ違え、貫一郎にとっては無二の親友だった男である。貫一郎は息も絶え絶えに、次郎右衛門の友情にすがって盛岡藩への帰参を乞う。

しかし、次郎右衛門は、「とんでもねえ」と冷たく突き放す。

次郎右衛門としては、藩の前途を危うくしかねない、新選組生き残りの、それも敗残の貫一郎を匿うことなど到底できなかったのである。

それまで貫一郎が固く握りしめていた血まみれの刀は、ぼろぼろに刃こぼれして、おまけに鞘にも入らないほどぐんにゃり曲がっている。

次郎右衛門は、思わずその刀を手に取って、

テレビ東京『壬生義士伝――新選組でいちばん強かった男』の吉村貫一郎（渡辺謙）

「何十人の人を斬れば、鋼《はがね》の刀がこれほどまでに……」

ぽつりとこう言う。

「こんたら刀では腹の皮一枚も斬られねえ。わしの刀をけでやる。我が家に伝わる大業物《おおわざもの》だ。これなら苦しまずに死ねる。サパッと腹切って死ね。貫一郎、ぐずめくでねえぞ。サパッと腹切って死ね……」

貫一郎の目の前には次郎右衛門が差し出した大業物の名刀が置かれている。

しかし、ここが貫一郎の悲しいところなのだが、彼はそんな高価な業物よりも、「自分にはこの

ほうがふさわしい」と、ぼろぼろになった切れない刀で、みじめに腹を掻き切って死ぬ。吉村貫一郎という男の哀れさ。みじめさ。この世への未練。妻子への断ち切りがたい思い。そして血の慟哭――。『壬生義士伝』というドラマのモチーフはこのことに尽きるし、これが観る者の魂を揺さぶってやまない所以《ゆえん》でもある。

吉村貫一郎役の渡辺謙、大野次郎右衛門役の内藤剛志をはじめ、貫一郎の妻しづ（高島礼子）、次郎右衛門の従僕・佐助（村田雄浩）、近藤勇（柄本明）、土方歳三（伊原剛志）といったメイン・キャストが適役で、それぞれにいい味を出していた。

特に「お許しえってくだんせ」とか「おもさげながんす」といった盛岡言葉が全編に使われていて、それがとても耳に心地よく、ひとしおドラマの雰囲気を盛り上げていた。

龍馬暗殺にも新解釈

そして、もう一つ。坂本龍馬の暗殺に関しても、あっと驚く解釈があった。結論から先に言うと、このドラマでは坂本龍馬を斬ったのは、新選組でも三本の指に入る名うての剣客・斎藤一（竹中直人）だというのである。

斎藤一は新選組の元参謀・伊東甲子太郎（萩原流行）が隊を出て、新たな徒党・御陵衛士《ごりょうえじ》を旗揚げしたとき、近藤勇の密命を受けて御陵衛士の中に入り込んだ間者である。伊東は薩摩と組んで徳川幕府を倒す武力革命をもくろんだが、途中で坂本龍馬（筧利夫）が、時の将軍・徳川慶喜を動かして大政奉還という平和革命をやってのけ、伊東のもくろみは水泡に帰してしまう。その伊東に邪魔者の龍馬を斬れと命じられて、はたと困ったのは斎藤である。断れば自分が近藤の間者であることを見破られかねない。斎藤には龍馬を斬る理由など何もなかったが、間者としての役目を全うするため、やむなく龍馬を斬るという選択を選ぶ。

斎藤が龍馬を斬る場面でも、このドラマはちょっとした工夫を凝らしている。斎藤は左利きであり、龍馬を斬るときも、その自分の左利きを巧く利用したという解釈である。斎藤は近江屋に潜伏している龍馬に面会を求めたとき、刀を右手に持って部屋に入る。よく知られているように刀を右手に持つのは、相手に対して敵意のないことを示す作法である。左手で刀を抜くことはできないので……。斎藤が右手に持った刀を傍らに置いたので、龍馬も同席していた中岡慎太郎もすっかり安心して警戒心を解く。そのときである。斎藤の刀がうなりを生じて一閃したのは――。

龍馬暗殺に関して、こうした手の込んだというか、一つも二つもひねった解釈は、ちょっとほかではお目にかかったことがない。

斎藤一役の竹中直人は、この手の表裏のある複雑な人物を演じるのが得意中の得意で、このドラマでもしたたかな演技力を発揮して、なかなかの説得力があった。

この『壬生義士伝』から三十七年前の一九六五年に、栗塚旭の連続テレビドラマ『新選組血風録』で、左右田一平が演じて好評を博した斎藤一は、真っ正直で、ひょうひょうとした好人物だったが、竹中直人が演じた斎藤一はそれとは真逆の、一癖も二癖もある、底なしの暗い影を背負った人物だった。一人の人物を、このように真逆の人物としても登場させることができるのが〝新選組ドラマ〟の面白さではないだろうか。

映画版『壬生義士伝』への疑問

浅田次郎の原作『壬生義士伝』を読むと、あまりにも面白いので、映画であれ、テレビドラマであれ、まず、この小説を映像化して、そう大きな失敗はないであろう、と誰しも思うだろうし、じじつ私もそう思った。

しかし、世の中、そううまくはいかないこともある。

テレビ版の『壬生義士伝――新選組でいちばん強かった男』のほうは、ほぼ原作通りの展開で大きな破綻もなく、それに主演の渡辺謙の好演もあって、新選組ドラマとしても久々の収穫だった。栗塚旭の『新選組血風録』や『燃えよ剣』、平幹二朗の『新選組始末記』などに次ぐ新選組ドラマの佳編と言ってもよい。

ところが、このテレビ版からちょうど一年後の二〇〇三年一月に封切られた、中島丈博脚本、滝田洋二郎監督、松竹映画『壬生義士伝』のほうは、どうにも芳しくない内容だった。

一番悪いのは、主人公の吉村貫一郎（中井貴一）の親友だった大野次郎右衛門（三宅裕司）の息子・

松竹『壬生義士伝』の吉村貫一郎（中井貴一）

千秋（村田雄浩）が、新選組が壊滅してもう三十年も経った明治三十二年に、新選組の生き残りで、もう白髪だらけの斎藤一（佐藤浩市）と偶然出会うという基本設定だった。これはどう考えても不必要な設定で、これにだいぶ時間を取られてしまって、本来ならいくら時間があっても足りないはずの、吉村貫一郎の物語を十分な時間を割いて語る余裕がなくなってしまった。

肝心の吉村貫一郎役の中井貴一の演技が、大仰でわざとらしいのも映画の雰囲気を大きく損なっている。

それに大野次郎右衛門役の三宅裕司をはじめ、その息子・千秋役の村田雄浩、貫一郎の妻しづ（夏川結衣）、近藤勇（塩見三省）、土方歳三（野村祐人）、次郎右衛門の中間・佐助（山田辰夫）といった主要キャストが、どうにもピンとこない。結局、まずまずの適役ぞろいだったテレビ版『壬生義士伝——新選組でいちばん強かった男』の配役に比べ、適役と言えるような配役が一つもないのが大きな弱点だった。

わずかに貫一郎に好悪両面の屈折した感情を抱く斎藤一役の佐藤浩市が、それなりの演技力と存在感を見せているのが唯一の救いだった。

が、この映画版『壬生義士伝』については私はすでに、前述の『御法度』同様、『剣光一閃』という著書で詳しく論じてしまったので、ここでは、その一部を再掲するにとどめたい。

映画版の致命的な欠点は、おそらく主人公・吉村貫一郎(中井貴一)の人物像にある。この映画の吉村貫一郎は、まるで間抜けな百姓武士ででもあるかのように臭みたっぷりに演じられているが、私にはそれが大いに疑問なのである。

吉村貫一郎はたしかに極貧の下級武士ではあるが、文武両道に優れ、郷里の盛岡でも、道場では剣術師範を、また学問を収める藩校では助教を務めた英才である。それに使い手ぞろいの新選組に入ってからも、剣術師範に抜擢されるほどの達人ときている。そこにはおのずから、一芸に達した人間の矜持とか、品格とか、落ち着きといったものがあってしかるべきではないだろうか。

映画の中で、吉村貫一郎は、あたりかまわぬ守銭奴ぶりを、おおっぴらに、これ見よがしに見せつける。しかし、武士が同僚の面前で、なりふりかまわぬ守銭奴ぶりを不用意に見せたりするだろうか。断じて否である。人はおのれの守銭奴ぶりを、少なくとも人前でだけは取り繕おうとするはずである。せめて、ここは、取り繕っても、つい表に出てしまう金銭への執着として演じるべきではないだろうか。

じつは吉村貫一郎のこうした度を越した、あまりにもこれ見よがしの守銭奴ぶりについては、原作を読んだときから気になっていた。要するにやりすぎなのである。新選組が全員、旗本に取り立てられたとのお達しを聞いて、吉村が「お手当はいかほど頂けるのでしょうか」と局長に質問し、満座の失笑を買う場面などが、そのよい例である。

後でこっそり聞くのならまだしも、吉村のような教養もあり、人格高潔な人物が、満座の中でそんな、人のひんしゅくを買うような質問をするはずがない。たとえ、原作にそう書かれていたとしても、脚本化の段階で全く疑問を感じなかったのだろうか。

映画『壬生義士伝』は、脚本づくりの上ですでに致命的な欠陥がある。原作の『壬生義士伝』というドラマは、二人の幼なじみの友情、つまり下級武士である吉村貫一郎と上級武士・大野次郎右衛門との友情を描くことによって、吉村のみじめさ、哀れさが、いやが上にも浮かび上がってくるという仕掛けになっている。つまり、ドラマの主軸はあくまでも吉村と大野の友情にある。

ところが映画では、吉村と大野の友情物語をメインから外して、もっぱら吉村と新選組隊士・斎藤一（佐藤浩市）との友情を物語の骨格にしている。しかし、いくら新選組隊士同士の友情を描いても、そこから下級武士・吉村の苦悩や悲哀は浮かび上がってこないのである。

全編、親子、夫婦、親友同士の、まことに古めかしいお涙頂戴シーンが延々と続き、いい加減、辟易してしまう。じつは、このお涙過剰の安っぽさは、浅田次郎の原作そのものが持っている難点でもある。ただ、原作のほうは、ストーリー・テリングの巧みさと絶妙の話術で、それはうまく隠せている。が、映画のほうはすべてが薄っぺらで真実味がなく、ドラマが空回りしているといった印象が否めない。

それに、あれほど〈家族大事〉だった吉村が、一転して「義のため戦う」と敵陣に斬り込むシーンも、その動機付づけを欠いているため、観ていていま一つ納得がいかない。

『壬生義士伝』という物語を貫くポイントは、なにがあってもひたすら自分の家族だけが大切な、吉村のその〈家族大事〉な生き方である。これに反して、新選組は問答無用な人斬り集団である。戦闘における隊士の死亡率も非常に高い。その上、ほとんど狂気に近い厳格な規律があって、違反すれば、即切腹である。事実を言えば、実際に斬り合いで死んだ人間よりも、隊規違反で無理やり切腹させられた人間のほうが圧倒的に多いという異常集団であり、ほとんど絶望的な死亡率と言ってよい。どんなにお金が欲しくても、吉村のように〈家族大事〉な人間が、果たして新選組に入隊するだろうか。

つい、そんな疑問も湧いてくるのである。

映画版『壬生義士伝』に対する疑問は、おおよそ以上のようなものであり、他に付け加えるべきこともないが、この項を書くため映画を再見して一つ気が付いたのは、翌年の大河ドラマ『新選組！』で新選組総長の山南敬助を演じることになる堺雅人が、この映画では沖田総司役で出演していたことだった。

言うまでもないことながら、沖田総司は、山南敬助が脱走の罪で切腹させられたとき、その介錯を務める羽目になった人間である。しかも、大抵の新選組映画やテレビドラマでは、沖田総司は山南敬助を兄とも慕い、山南も沖田を弟のようにかわいがっていたと描かれることが多いので、これはもう奇しき因縁と言うしかないであろう。少なくとも、この二つの役をわずか一年違いで演じることになった堺雅人自身は、そう思ったのではないだろうか。

私の知る限り、山南敬助と沖田総司の両方を演じた俳優は他に見当たらない。

大河ドラマ『新選組！』

前述のように映画版『壬生義士伝』の翌年の二〇〇四年に、今度は三谷幸喜脚本によるＮＨＫ大河ドラマ『新選組！』（全四十九回）が放送された。

もちろん大河ドラマで新選組が取り上げられるのは初めてであり、三谷幸喜の脚本からは新しい新選組のイメージを創ろうとする意図が強く感じられた。この『新選組！』は、近藤勇（香取慎吾）、沖田総司（藤原竜也）、土方歳三（山本耕史）、芹沢鴨（佐藤浩市）、坂本龍馬（江口洋介）、斎藤一（オダギリジョー）、藤堂平助（中村勘太郎＝現勘九郎）、原田左之助（山本太郎）、山南敬助（堺雅人）と当時の若手、中堅の人気男優をズラリと揃えた豪華キャストが目を奪う。

女優陣も沖田総司の姉みつに沢口靖子、芹沢鴨の恋人お梅に鈴木京香といった主役級の名花が妍を競っている。

それに生涯に土方歳三を五回も演じた一代の土方歳三役者・栗塚旭が、歳三の長兄・為次郎役で出演しているのも見逃せない。栗塚旭はこの年、六十七歳である。

全四十九回、一話四十五分だが、第一回と最終回は一時間の拡大版であり、三十七時間以上にも及ぶ、まさに史上最長の新選組ドラマである。

ドラマは近藤勇が二十一歳、土方歳三が二十歳のときから始まり、新選組映画やドラマでは滅多に描かれることのない近藤勇と土方歳三の青春時代も描かれるのが特徴である。

ただ、勇がまだ二十歳前後の頃から、後に敵同士となる桂小五郎や坂本龍馬とは知り合いで、どちらとも大変な仲良しだったという設定は、いくらなんでも行き過ぎのような気がする。

大河ドラマ『新選組！』の近藤勇（香取慎吾）

しかし、芹沢鴨の暗殺シーンには前代未聞の趣向が凝らされていて息をのんだ。芹沢は普通は愛妾のお梅と同衾中を土方歳三らに襲われ、それこそ剣を取るいとまもなく布団の上からめった刺しにされて果てるのだが、このドラマの芹沢は豪胆不敵な男で、刺客の襲撃を予期し、寝ていると見せかけて、じつは寝てなどいない。

身支度を整え、刺客たちが踏み込んでくるのを悠然と待ち構えている。そして、斬り込んできた土方歳三、沖田総司ら四人の刺客を相手に豪剣を振るって勇戦力闘、逆に土方たちのほうが、さんざんに斬り立てられている。

このドラマの芹沢の最期については、少し説明を要する。酒乱の芹沢は酒の瓢箪《ひょうたん》を片時も離さず、いつもそれからぐい飲みにしていた。じつは土方たちが斬り込んで来るのを待つ間も、瓢箪からぐい飲みしていたのだが、結局、この瓢箪が彼の命取りになってしまった。四人もの刺客を相手に優勢な戦いを進めていた芹沢は、畳の上に転がった瓢箪に足を滑らせ、体勢を崩したところへ、沖田の必殺の突きを腹部に受けてしまうのだが、こんな凄い芹沢の最期は初めて観た。

芹沢鴨役の佐藤浩市

この豪放無類の芹沢鴨役を、佐藤浩市がふてぶてしい面魂で好演した。じつは佐藤の父親の三國連太郎も、この『新選組!』から三十五年前の一九六九年に三船敏郎の『新選組』で芹沢役を演じているので、親子二代にわたる芹沢鴨役者ということになる。およそ新選組映画の開闢《かいびゃく》以来、残虐非道な悪役としてしか演じられてこなかった芹沢鴨を、人間的な悩みも併せ持つ複雑な人物として演じ切った俳優は、この二人の他にはない。

大河ドラマ、異例の続編――『新選組!! 土方歳三最期の一日』

大河ドラマ『新選組!』の放送から中一年置いた二〇〇六年には、同じ三谷幸喜脚本よるNHKの正月時代劇『新選組!! 土方歳三最期の一日』前編・後編が放送された。これは大河ドラマの『新選組!』が近藤勇の死で終わっていたため、その後を受け継いで、あくまでも新政府軍と戦い続けた闘将・土方歳三(山本耕史)の最期を描くものであり、大河ドラマとしては異例の続編である。

箱館五稜郭に立て籠った榎本武揚(片岡愛之助)は、将兵の命を助けるため降伏を決意するが、主戦派の土方歳三が大反対する。土方は万一の場合は榎本を斬って自分が全軍の指揮をとる覚悟である。土方は榎本に起死回生の策を建言する。つまり、いままでは五稜郭をいかに守るか、という考えで戦ってきたが、それがいけなかった――と。守るのではなく攻めるのだ――と。自分が新政府軍の本陣を急襲し、敵将・黒田清隆の首を挙げる――と。そして土方は、これこそ織田信長の〈桶狭間作戦〉だと言う。

ここまでは面白かった。

ところが、土方が敵中深く潜行し、いままさに黒田清隆の本陣を攻撃しようとした矢先、突如、新政府軍が五稜郭の背後の箱館山を急襲する。これはつまり源義経の〈鵯越《ひよどりごえ》の作戦〉だったと言うのである。そのため、敵に背後を突かれては一大事……と土方は箱館山にとって返し、その防戦のさ

ＮＨＫ『新選組‼　土方歳三最期の一日』の土方歳三（山本耕史）と斎藤一（オダギリジョー）

なか、敵の銃弾に倒れるというのが、このドラマの結末である。

しかし、私は首を傾《かし》げざるを得ない。なぜ、敵の本陣を目前にして引き返すのか。はなはだ疑問である。というのは、土方の作戦はもともと敵と刺し違える覚悟の作戦ではなかったか。箱館山が敵に急襲されたからといって、土方がなぜ引き返すのか。はなはだ理解に苦しむ。箱館山が敵に急襲されようが、たとえ五稜郭が落ちようが、そんなことは、このときの土方の眼中にないはずである。勝敗を度外視して、黒田清隆の首を取る。土方の目的はこれしかなかったはずである。

土方が黒田清隆の本陣に突撃する直前、不運にして敵弾を受け、無念の最期を遂げてしまったので、彼の乾坤一擲の〈桶狭間作戦〉も未完に終わってしまったというのなら納得できる。が、土方が引き返すのは、ただただ物語上の都合によるものであって、ドラマとしての必然性がなく、到底、納得できるものではない。

まあ、そういった疑問はあるが、『新選組！』に続いて土方歳三を演じた山本耕史は、このときから九年後のＮＨＫ連続テレビ小説『あさが来た』でもこの役を演じたので、土方歳三はすっかり彼の持ち役になってしまった。かつての『新選組血風録』『燃えよ剣』における栗塚旭以来の土方歳三役者と称して差し支えないだろう。

ちなみに、これまで土方歳三を演じて適役だったのは、映画では一九六三年の市川雷蔵主演の『新選組始末記』における天知茂、テレビドラマでは一九六五年『新選組血風録』、一九七〇年『燃えよ剣』の栗塚旭、一九七七年『新選組始末記』の古谷一行、そしてこの『新選組！』と『新選組!!土方歳三最期の一日』の山本耕史といったところである。

久々の新選組大作――岡田准一の『燃えよ剣』

大河ドラマ『新選組!』から三年後の二〇〇七年には、浅田次郎の新選組小説『輪違屋糸里』を原作としたテレビドラマ『輪違屋糸里～女たちの新選組～』(上戸彩主演)が放送され、翌年の二〇〇八年には、その映画版である『輪違屋糸里～京女たちの幕末～』(藤野涼子主演)も封切られるなど、作品の出来はともかく、女性を主人公にした新選組ドラマも登場し始めた。

このあと、二〇一一年には司馬遼太郎原作によるNHKの連続ドラマ『新選組血風録』(全十二回)も放送された。土方歳三(永井大)、近藤勇(宅間孝行)、沖田総司(辻本祐樹)、芹沢鴨(豊原功補)といったキャスティングで、原作にはない料亭「丹藤」の娘お美代(前田亜季)と土方歳三の恋なども描かれているが、格別、特筆すべきことはない。

さらに二〇一二年から二〇二一年にかけて、新選組を主人公とした作品ではないが、新選組の斎藤一が重要人物として登場する幕末映画『るろうに剣心』シリーズ五作品も公開されて若年層の人気を集めた。

そして二〇二一年十月には、司馬遼太郎原作、原田眞人脚本・監督による久々の新選組大作映画『燃えよ剣』（東宝）が封切られた。コロナ禍による二度の公開延期の後の公開であり、いやが上にも期待が募る作品だった。

土方歳三（岡田准一）、近藤勇（鈴木亮平）、芹沢鴨（伊藤英明）、沖田総司（山田涼介）、歳三の恋人お雪（柴咲コウ）といったキャスティングである。内容は土方歳三や近藤勇の多摩における〝バラガキ（不良）時代〟から新選組結成、芹沢鴨の暗殺、池田屋事件、伊東甲子太郎一派の粛清、鳥羽伏見の戦い、箱館五稜郭の戦い、と新選組の興亡を描く二時間半の大作なのだが――。

問題は二つあって、一つ目は、土方と近藤の〝バラガキ〟時代に時間を割き過ぎてしまって、それ以後の展開が駆け足のダイジェストになってしまったことである。そのため、一つ一つのエピソードが十分に描き切れないまま次のエピソードに移ってしまい、映画としての感動が一向に盛り上がらないのである。

二つ目は、新選組を通じて一体、何を描こうとしているのか、そのポイントがいま一つはっきりしないことである。

細かいところでは、副長（この映画では）の山南敬助役にお笑い芸人が扮して眼鏡をかけていたり、肖像画では二枚目の参謀・伊東甲子太郎がむくつけき髭を蓄えて出てきたりするのも、大いに気になるところである。こうした扮装《いでたち》は、どうしても安っぽいテレビドラマ的な印象や、劇画的な印象を払拭できない。

じつはこのほかにも新選組映画やテレビドラマは、毎年のように作られて賑わいを呈しているが、ここで一々、題名を挙げるのはもうやめておく。

と言うのは、当今の新選組映画、テレビドラマは数こそ多いが、ここで取り上げてまともに論じるほどの作品が、皆無とまでは言わないまでも、ほとんど見当たらなくなってしまったからである。新選組映画、テレビドラマといえども、要は人間を描くことである。幕末という時代を生きた人間たちのそれぞれの生きざまを物語に定着させることである。あるいは幕末という時代の様相を現代人にも分かるように映像に刻みつけることである。ところが、どうも当今の新選組映画やテレビドラマは、人間のうわべだけ、幕末のうわべだけ、そして新選組物語のうわべだけをなぞった作品がほとんどで、人間ドラマとしての面白さや、厚みに欠ける、というのが私の正直な感想である。

東宝『燃えよ剣』の土方歳三（岡田准一）

はっきり言えば、新選組映画や新選組テレビドラマが、ひところ放っていた強烈な輝きを失ってしまったのである。

新選組映画、テレビドラマが、再び新たな光芒を放つ日がくることを熱望してやまない所以《ゆえん》である。

近藤勇から土方歳三へ

と、ここまでが戦前から現在にまで至る新選組映画と新選組ドラマの軌跡である。この間に起きた大きな変化と言えば、一九六五年の栗塚旭のテレビドラマ『新選組血風録』以来、新選組ものの主人公が近藤勇ではなく、土方歳三になる場合が非常に多くなってきたということである。

しかし、完全に土方歳三に代替わりしたのかというと、必ずしもそうでもない。依然として近藤勇を主人公とした新選組映画やテレビドラマも根強くあり、やや土方歳三が優位に立っているとはいえ、一九七〇年代、八〇年代、九〇年代と土方歳三と近藤勇の並立時代が続いたとも言える。しかし、現在においては新選組映画や新選組ドラマの主人公は、もう完全に近藤勇から土方歳三に代替わりしたと言って差し支えない。

ただ、一つ不思議なのは、一九七〇年代あたりから、小説や研究書の類など出版界では、新選組ものの主人公は近藤勇から完全に土方歳三と沖田総司に変わっているのに、こと映像の世界においいては沖田総司の時代は、いまだ出現していないという事実である。

沖田総司を主人公にした映画は、戦後は草刈正雄の『沖田総司』一本きりで、テレビドラマも、郷ひろみの『沖田総司　華麗なる暗殺者』と田原俊彦主演の『燃えて散る　炎の剣士　沖田総司』のほかに、あと一、二本あるかないかといったところである。しかし、残念ながら、郷ひろみの作品も、田原俊彦の作品も到底、観るに堪えないおそまつな出来だったので、どちらも新選組ファンの関心を集めるには至らなかった。

今後、映像の世界で、はたして沖田総司の時代は来るのか？　大いに興味のあるところである。

『新選組始末記』の山崎蒸（市川雷蔵）、『幕末残酷物語』の江波三郎（大川橋蔵）、『壬生義士伝』の吉村貫一郎（テレビ版では渡辺謙、映画版では中井貴一）、『御法度』の加納惣三郎（松田龍平）などのように、一般的にはあまり知られていない隊士や架空の人物を主人公とした新選組映画、新選組ドラマが現れてきたのも一九六〇年代以降の大きな変化であった。

第六章　新選組はなぜ人気があるのか

幕府方における「草莽崛起」

それでは、新選組はいつの時代でも、なぜ人気があるのか。

新選組とは一体なんなのか。

最後のまとめである。

「〈間奏曲Ⅰ〉そして龍馬と新選組が残った」でも述べたように戦前絶大な人気を誇った幕末映画の主人公たちも戦後は、次々とその姿を消してしまい、わずかに坂本龍馬と新選組が生き残った。

しかし、その映画化本数においては、歴史の勝者であり、幕末のヒーローナンバーワンである龍馬よりも、歴史の敗者であり、悪評も高い新選組が圧倒的に多く、龍馬映画は三十本足らずであるにもかかわらず、新選組映画は優に七十本はある。一体このアンバランスは何によるものなのか。

歴史のあだ花とも評される新選組を主役にした映画やテレビドラマが、現代に至るまで、こうも頻繁に作られるのは一体なぜなのか。

端的に言って新選組映画や、テレビの新選組ドラマはなぜ人気があるのか。

その理由の一つは、新選組が幕府側における「草莽崛起《そうもうくっき》」だった点にある。

「草莽崛起」とは、有名な松下村塾の吉田松陰が唱えた思想で「名もなく身分も低い在野の志士たちが一斉に立ち上がる」ことを意味する。一般的には尊王攘夷を唱え、倒幕を目指す、西南諸藩の志士たちを指すことが多い。そして、それまでは政治参加を拒まれていた下級武士たちが、自分の意志で政治的発言をし、積極的な政治行動を起こすことを意味している。

新選組の近藤勇も土方歳三も百姓の出身であり、幹部隊士の面々を見ても、沖田総司も、山南敬助も、永倉新八も、みな浪人である。その他の隊士も浪人や町人の出身がほとんどであり、何百石取りといった歴《れっき》とした武士は皆無である。

それに新選組の母体となった浪士組には、百姓や町人どころか、じつは博徒つまりヤクザまでいた。その名を祐天仙之助と言い、子分一党を引き連れて浪士組の結成に馳せ参じた。

彼を主人公にした映画もある。市川雷蔵が主演した一九六四年、大映の『博徒ざむらい』である。この映画では祐天仙之助(市川雷蔵)は、「お国のためにいつでも死ぬつもりだ」と言う尊王攘夷派の首領・清河八郎(芦田伸介)の心意気に共鳴して、彼に命じられるがままに押し込み強盗までして攘夷のための資金を集めに奔走する。しかし、目的のためには手段を選ばず、手下の者でも都合が

ヤクザも尊王攘夷運動に挺身。大映『博徒ざむらい』の祐天仙之助（市川雷蔵）。左は清河八郎役の芦田伸介

悪くなれば容赦なく殺してしまう清河に失望して、ついに彼の元を離れようとするが、そのため清河に命を狙われるようになってしまう。

おなじみの清水次郎長映画には、いつも次郎長に敵対する悪親分として場するあの黒駒勝蔵も晩年は、尊王攘夷運動に挺身し、戊辰戦争では薩長側について戦ったことで知られている。二〇一二年には、その黒駒勝蔵の名誉復活を図る愛川欽也監督・主演の映画『黒駒勝蔵～明治維新に騙された男～』まで作られている。

そして、これにはもう一つおまけが付く。黒駒勝蔵が薩長側についたとき、幕臣の山岡鉄太郎と親交のあった清水次郎長は、子分を総動員して幕府側に着き、黒駒勝蔵と真っ向から対決している。これこそ、まさにヤクザ版の「草莽崛起」であり、ヤクザ版の明治維新と言ってよい。

このように幕末の動乱期には百姓や町人だけでなく、世の裏街道をゆくヤクザまでが、一念発起して、薩長側についたり、幕府側についたりしていたという事実が非常に面白い。

つね日頃は世に憎まれ、嫌われていたヤクザも、「お国ために」とか「世のため、人のため」と言われると弱く、一身をなげうって国事に奔走する気になったのであろう。

そういう意味では、百姓や町人や浪人の出身だったとはいえ、新選組は立派な「草莽崛起」だったわけである。

吉田松陰や武市半平太、坂本龍馬や中岡慎太郎、久坂玄瑞や伊藤博文、そして西郷隆盛や大久保利通が倒幕派における「草莽崛起」なら、近藤勇や土方歳三や沖田総司の新選組はまぎれもなく佐幕派における「草莽崛起」と言ってよい所以《ゆえん》である。

これが新選組が大衆の人気を呼ぶ第一の理由である。

〈サクセス・ストーリー〉と〈滅びの物語〉

日本人が好む物語の一つに〈サクセス・ストーリー〉、つまり成功物語がある。下層階級の出身者がチャンスを掴み、時流に乗って次第に出世の階段を上っていく〈サクセス・ストーリー〉は日本人の最も好む物語で、その代表例は『太閤記』における木下藤吉郎、すなわち豊臣秀吉の出世譚である。一介の百姓から道場主となって、新選組の隊長となり、さらには幕府直参となり、ついには若年寄格つまり幕閣に連なる地位にまで上り詰める近藤勇の物語、つまり新選組の物語もまた空前絶後の〈サクセス・ストーリー〉と言ってよい。

日本人の好むもう一つの物語類型は〈滅びの物語〉であり、その典型的なものは『平家物語』である。かつては絶大な栄華を誇った平家が、ついに凋落のときを迎えて滅亡の一途をたどっていく。そこに私たち日本人は「盛者必滅」の「無常感」を感じて、滅びゆく平家に一抹の哀れを催す。〈サクセス・ストーリー〉を愛好する心理と〈滅びの物語〉を愛好する心理――。この二つは日本人の矛盾した心理であるが、この矛盾の中に私たち日本人の、じつに複雑で微妙な心の秘密がある。

新選組は池田屋事件を皮切りに勝利と成功の階段をとんとん拍子に上っていくが、やがて鳥羽伏見の戦い、甲州勝沼の戦いと転落の一途をたどり、箱館五稜郭の戦いでついに滅亡する。

勝利と栄光の後に一転して起こる敗北と転落の歴史――。

そしてその敗北と転落の度合いは、かつての華々しい勝利と栄光の歴史にひき比べて、あまりにも無残で、つい目を覆いたくなる。

ここである――。

もし、新選組の歴史が『太閤記』的な〈成功物語〉だけだったら、これほど日本人の心を惹き付けることはなかったであろうし、もし新選組の歴史が『平家物語』的な〈滅びの物語〉だけだったとしたら、これまた新選組が時代を超えて現代に生き残ることもまたなかったであろう。

新選組の歴史が〈サクセス・ストーリー〉であり、同時に〈滅びの物語〉であることが、観る者の心を打つ、一番大きな理由ではないだろうか。

しかし、『平家物語』的な〈滅びの物語〉と新選組の〈滅びの物語〉には、大きな違いがある。『平家物語』的な〈滅びの物語〉は、そのまま美しい〈滅びの美学〉に昇華していく。つまり滅びが美化され、救済と鎮魂がもたらされる。

が、新選組の物語は、『平家物語』のように、すんなり〈滅びの美学〉には結びつかない。新選組の滅亡は、美学として昇華されることはなく、あくまでも現実的で生々しさを伴なった歴史的事実として我々の眼前にあり、その滅びが救済されることはない。

平家が滅びゆく平安末期は、すでに遠い歴史的過去であるが、新選組の幕末は現代から見てもいまだ完全な過去にはなりきらない生々しい傷跡をとどめた歴史的現実である。

制服時代劇と日本人の帰属意識

新選組映画の人気は、それが〝制服時代劇〟であることにも大きく原因している。日本人が新選組映画や新選組ドラマに魅かれる理由の一つは、多分にあのだんだら模様の羽織、だんだら模様の制服にもあるのではないだろうか。

それは忠臣蔵映画に魅かれる理由の一つが、赤穂浪士が吉良邸討ち入るときに着ている、あのお揃いの火事装束にあるのと同じである。

前にも記したが、芝居や映画における赤穂浪士のあの火事装束と新選組のだんだら羽織は、そのいわれにおいては同じものでる。

二〇〇四年のＮＨＫの大河ドラマ『新選組！』で、筆頭局長の芹沢鴨（佐藤浩市）が「新選組の制服を作ろう」と言い出したとき、次席局長の近藤勇（香取慎吾）が「私は子供の頃から赤穂浪士に憧れていました。制服を作るならぜひ、あの忠臣蔵の装束でお願いしたい」というような意味のことを、少年のように目を輝かせて言う場面があって非常に面白かった。

忠臣蔵映画の第一の見せ場は、目に鮮やかな、お揃いの火事装束をまとった赤穂浪士の吉良邸討ち入り場面であることは、いまさら言うまでもない。いや、新選組は幕末の話だから、映画はまだない。近藤勇が見たのは、ドラマの中に出てこないが、きっと歌舞伎の、あのだんだら模様の颯爽とした、しかし舞台衣装であるから、まことにきらびやかな討ち入り装束だったと思われる。『新選組！』の近藤勇は、赤穂浪士の勇姿に憧れ、自分も赤穂浪士の心意気にあやかりたいと思ったのであろう。

赤穂浪士や新選組と並べて、清水次郎長一家を引き合いに出したのではちょっと不謹慎かもしれないが、じつは映画の中の清水次郎長一家も、お揃いの三度笠、お揃いの道中合羽、お揃いの旅姿、つまりは制服姿で、富士の見える東海道を旅し、ある時はお揃いの浴衣姿で適地に殴り込む。おまけに日本人は赤穂浪士と新選組と清水次郎長一家が大好きときている。この三つは時代劇の中でも最も人気のある出し物であり、いわば時代劇の〝三種の神器〟と言ってよい。

一番人気のある時代劇が、三つとも制服時代劇であるということには理由があって、じつは日本人の帰属意識と大いに関連している。

「寄らば大樹の陰」という言葉もある。私たち日本人は自分の所属先、帰属先を強く求める国民

近藤勇の発案で新選組の制服は赤穂浪士の装束に。大河ドラマ『新選組！』

である。確固とした集団や組織に所属することによって、自己のアイデンティティーを得る、安心感を得るというのが、いまも昔も変わらぬ日本人の生き方であることに変わりはない。

赤穂浪士も、新選組も、清水次郎長一家も、そうした日本人の帰属意識を満足させる受け皿と言ってよい。

清水次郎長映画は、どこへも行き場のない世のあぶれ者たちが、次郎長一家にその居場所を見出していくという物語であるが、新選組映画もこれと同じと見てよい。剣術の腕だけは立つが、どこにも落ち着き先のない浮浪の浪士たちが、次第に新選組にその居場所を見出していく。そして、そこに形成されていくものは、意外なことに新選組という一つのファミリーである。新選組映画の人気は、それが一種のファミリー形成の物語でもあるからなのだ。

明治維新史観に対する疑問

新選組映画や新選組ドラマに共感する私たちの心の奥底には、いわゆる明治維新史観というものに対する暗黙の疑問が潜んでいるような気がする。

なにも表立って明治維新史観に異を唱えるというわけではない。そうではなくて、私たち日本人のどこか心の奥底に眠っている正統的な明治維新史観に対する秘かな疑問のようなものが、新選組映画や新選組ドラマを受け入れ易い素地を作っているのではないだろうか。

政治、経済、文化、教育、あるゆる面から見て、なんと言っても現代日本の基《もとい》は明治維新にある。明治維新によって作られた制度や社会体制の延長上に現代日本は成立している。それは戦後における変革とは比較にならないほど大きい。そのため、明治維新はどこか神聖にして冒すべからざる聖域として、日本人の意識に植え付けられ、日本史の中にも位置づけられていることは厳然たる事実である。明治維新によってはじめて四民平等の、民主的な、日本社会が誕生したと――。

しかし、一方で、幕末において力が衰えてきた徳川幕府を薩長がよってたかって叩き潰して、武力で政権をもぎ取ったのが明治維新ではないかという史観も根強く存在することは否めない。事実、日本の議会政治の初期においては、薩摩と長州が交互に総理大臣を出すという完全な薩長政権だった。政府の高官にも明治維新の勝利藩である薩長土肥の人間でなければ就けなかった。その結果、贈収賄が横行し、腐敗と堕落の金権政治がはびこった事実も隠せない。

このように明治維新によって理想社会が実現したわけではないことは言うまでもない。むしろ明治維新によってかえって庶民は貧困と重税にあえぐ結果となり、各地に農民一揆や打ちこわしが頻発した事実も忘れてはならない。明治維新が必ずしも庶民の味方としての世直しなどではなかったという歴史記憶が日本大衆の意識の下層には残っていて、それが薩長政権に最後まであらがった新選組を支持する深層心理につながっているのではないだろうか。

そうでなければ、明治維新の敗者であり、歴史から忘れられていく存在であり、人斬り集団と悪名も高い、新選組の人気は説明がつかない。

近藤勇と土方歳三と沖田総司

最後に決定的な理由を挙げると。

近藤勇、土方歳三、そして沖田総司――。

新選組には三人のスターがいる。映画であれ、テレビドラマであれ、これがいわゆる〝新選組もの〟に人気が集中する最大の原因ではないだろうか。

普通の物語の主人公はまず一人である。が、〝新選組もの〟には、主人公が三人もいるということが一番の強みと言ってよい。

近藤勇はなんと言っても新選組のシンボルであり、やはり新選組映画やテレビドラマの表看板であることには昔も今も変わりはない。

しかし、これまでにも度々述べたように戦前から戦後の一九六〇年代のはじめごろまでは新選組映画の主人公は近藤勇だったが、一九六〇年代の中頃から土方歳三を主人公とした映画やテレビドラマが非常に多くなってきた。そういう意味では明らかに近藤勇は戦前型の古いタイプの主人公であり、土方歳三は戦後型の新しいタイプの主人公であると言えるだろう。

それに六年間に及ぶ新選組の歴史の上から見ても、近藤勇は前半の興隆期の主人公と言える。沖田総司、山南敬助、永倉新八、藤堂平助、原田左之助といった食客たちをかかえ、貧乏道場の主だった江戸の平和でのどかな試衛館時代。新選組結成と芹沢鴨一派との暗闘。新選組の幕臣取り立て。そして反対派の伊東甲子太郎一派の粛清。このへんまではまぎれもなく近藤勇が新選組映画の主人公だった。つまり、新選組が上昇曲線を描き、出世の階段を上がっていく時代は、近藤勇の時代だったのである。

ここまで新選組の歴史は、そのまま「剣」の歴史であり、池田屋事件のときのように剣を取って斬り合いの先頭に立つ近藤勇は、まさに主人公たるにふさわしい人物だった。

しかし、王政復古の大号令が発せられて新選組も京都を退き、近藤勇が竹田街道で伊東派の残党に狙撃されるあたりから、近藤の時代に暗雲が立ち込めてくる。

時代は「剣」の時代から「銃」の時代へと変わり、戦いのあり方も、一人対一人の斬り合いから集団による銃撃戦に変わっていく。勢い主人公も、剣の申し子だった近藤勇から、「これからは銃の時代だ」と言う土方歳三にバトンタッチされていかざるを得ない。

近藤勇の処刑後も、ひとり土方歳三だけは、宇都宮、会津と転戦を重ね、はては遥か五稜郭にまで赴いて新政府軍と干戈《かんか》を交える。

つまり、土方歳三は決して降伏せず、最後の最後まで戦った新選組唯一の男と言ってよい。そして、この徹底抗戦ぶりこそが、彼の人気を支えるものである。

ＴＢＳ『新選組始末記』右から沖田総司（草刈正雄）、近藤勇（平幹二朗）、土方歳三（古谷一行）

そして、この近藤勇、土方歳三という二人のヒーローにいつも「影」のように寄り添い、付き従っているのが第三の男、沖田総司である。

沖田総司は年は若いが新選組随一の使い手であり、剣術だけの腕なら近藤も土方も敵わないと言われる。が、彼は労咳《ろうがい》(結核)を患っていて、池田屋事件のときに喀血し、その後もちょっとでも無理をすると喀血してしまう。この血を吐くということが沖田総司のトレードマークになっていて、映画では彼が咳き込んで思わず口を押えると、掌に真っ赤な血が付いているといった、いわば〝喀血の美学〟とでも言うべき描き方によって印象づけられている。

かつて結核は不治の病と言われて、恐れられもしていた。そのため、明治から昭和にかけての日本の文学や演劇や映画には、結核で若い命を散らす主人公や薄幸の乙女が数多く登場し、人々の紅涙を絞った。

天才剣士。悲恋。短命――。そういった意味では、映画における沖田総司は、明治以来、描き続けられてきた悲劇のヒーローの典型的な人物と言ってよいだろう。

以上見てきたように、新選組には、人望があり武骨で寡黙な統率者・近藤勇、冷徹で策略にたけた才子・土方歳三、そして肺を病む薄命の美剣士・沖田総司と、時代劇を代表する三つのタイプのヒーローがいるということがドラマとしての最大の強みである。たとえ近藤勇が主人公であっても、主人公と比べても決して引けを取らない魅力を持つ土方歳三と沖田総司が、必ず傍らに控えている。それは土方歳三が主人公の場合でも、沖田総司が主人公の場合でも全く同じである。いわば新選組映画や新選組テレビドラマというのは、つねにこの〝最強の三人体制〟による物語なのだ。

そのため映画の観客やテレビドラマの視聴者も、必ず三人のうちの誰かに同化して、新選組の興亡に熱い視線を注ぐということになる。

これが新選組映画や新選組テレビドラマが人気がある最大の理由である。

最後に、ひとことだけ言い添えると——。

外国の重圧や政局の混迷、相次ぐ災害や感染症の流行、そしてテロリズムの横行など、新選組が生きた幕末という時代と、いま現在、私たちが生きている二十一世紀の時代状況は驚くほど似通っていて、それが無意識裡に私たちの目を新選組映画や新選組ドラマに向かわせるのではないだろうか。

あとがき

あるとき、ある新聞社からいきなり連載の話が飛び込んで来た。週一の大型企画で、テーマは何でもいいと言われて、迷わず「時代劇映画についてなら」と引き受け、一年二か月にわたって連載を続けた。

連載終了後、『剣光一閃《けんこういっせん》――戦後時代劇映画の輝き』（森話社）という題で単行本化されたが、これはサブタイトルにもあるように、戦後の時代劇映画を総展望するようなかたちで、その魅力や見どころを論じたものだった。

もちろん新聞の大型企画の連載など一度きりのことで、まさか再度の声がかかるとは夢にも思ってもいなかったが、どうしたことか一年も経たないうちに二度目の依頼が来てしまった。

「前回は時代劇映画全般について論じたので、今度はその〝時代劇の中の時代劇〟である忠臣蔵映画についてなら」と十か月間連載を続け、これも後で『忠臣蔵映画と日本人――「雪」と「桜」の美学』（森話社）という題で単行本化された。

思いがけず時代劇映画についての著書を二冊も続けて出すことになったとき、私はこれにもう一冊、新選組映画についての著作を書き加えて、自分の〝時代劇映画論三部作〟にしようと心に決めた。私にとって新選組映画は、忠臣蔵映画と同じように、一度はかいくぐらなければならない大きな関門だった。

私にとって時代劇とは一体、なんなのかと言うと――。

まず、時代劇の中には、日本人の精神性や美意識が端的なかたちで凝縮されていると思う。そして、日本人特有の死生観や行動の規範もまた、時代劇の中に顕著に表れているというのが、私の基本的な考えであり、私の〝時代劇映画論三部作〟に通底するテーマでもある。

そこを突き詰めていけば、私たち日本人の原型をかたちづくっているものを明らかにすることができるのではないか。

それがじつは、私が少年時代から現在まで時代劇にこだわり続けてきた理由でもあった。

忠臣蔵の元禄時代はいまでは遠い過去の時代となってしまったが、新選組の幕末は決してそうではない。

幕末と現代とは、歴史的に見ても途切れることのない〝陸続き〟である。政治、経済、社会制度、どれ一つ取っても幕末と現代は密接につながっている。

新選組の近藤勇や、土方歳三や、沖田総司も、その人間的野心や悩みや生活感情においては私たちと寸分違わない現代人である。

そういう意味では、私は幕末を語り、新選組を語っていながら、そこで自分が語っている時代を度々、現代と錯覚してしまうほどであった。

執筆に当たっては、戦前から現代にまで至る新選組映画の主要な作品を一望に見渡すことを心掛けた。取り上げた作品についても、その作品が他の作品に比べてどんな特徴を持っているのか、他の作品にはない、その作品だけが持つ特徴とでも言うべきものを明らかにすることを第一に務めたつもりである。

しかし、それが果たして、どこまで実現できたかは、読者諸賢の判断に待つしかない。


今回もまた前二著同様、映画サークル「絵夢人《えむじん》倶楽部」の越前貞久氏から多くの資料提供を受けた。執筆中、幾度か暗礁に乗り上げて、挫折しかけたこともあったが、その都度、盛大な賛辞の雨を降らせて励まし続けてくれたのも彼である。いつものことながら感謝のほかはない。

ようやく本書を書き上げはしたものの、出版の方途を見出しかねていた私に代わって、「これは絶対に世に出すべき著作だ」と、飛び込みで彩流社社長の河野和憲氏に原稿を持ち込んでくれたのは、編集者の小峰和徳氏である。原稿完成時から刊行に至るまで、予想外の障害もあり、彼には筆舌に尽くし難いお世話になった。なんと言ってお礼を申し上げてよいか分からない。

そして、小峰和徳氏から渡された、本当に一面識もない私の原稿を快く読んでくださり、即決で出版を決断してくれた河野和憲氏にも心からお礼の言葉を申し上げたい。

本書もまたは多くの方々の尽力によって、はじめて日の目を見ることができた。

二〇二三年九月

著者識

【著者】 小松宰 （こまつ・おさむ）
映画評論家。雑誌や新聞などに映画評論を多数発表。近年は時代劇映画の研究に専念する。忠臣蔵研究家としての忠臣蔵講演のほか、坂本龍馬、織田信長、源義経などについての歴史講演も数多く行っている。
著書『怪談　鳳鳴の七不思議』（路上社）、『剣光一閃――戦後時代劇映画の輝き』（森話社）、『忠臣蔵映画と日本人――「雪」と「桜」の美学』（森話社）これにより第27回大衆文学研究賞を受賞。

Sairyusha

新選組映画《しんせんぐみえいが》はなぜ作《つく》られるのか
二〇二三年十月三十日　初版第一刷

著者――小松宰
発行者――河野和憲
発行所――株式会社 彩流社
〒101-0051
東京都千代田区神田神保町3-10大行ビル6階
電話：03-3234-5931
ファックス：03-3234-5932
E-mail：sairyusha@sairyusha.co.jp
印刷――明和印刷（株）
製本――（株）村上製本所
装丁――中山銀士＋杉山健慈

ISBN978-4-7791-2936-0 C0074
https://www.sairyusha.co.jp